互联网
对农村居民收入差距的
影响研究

吴 丹 ◎ 著

中国财经出版传媒集团

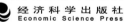

经济科学出版社
Economic Science Press
·北 京·

图书在版编目（CIP）数据

互联网对农村居民收入差距的影响研究 / 吴丹著
. -- 北京：经济科学出版社，2024.6
ISBN 978 - 7 - 5218 - 5788 - 7

Ⅰ. ①互⋯　Ⅱ. ①吴⋯　Ⅲ. ①互联网 - 影响 - 农民收
入 - 研究 - 中国　Ⅳ. ①F323. 8

中国国家版本馆 CIP 数据核字（2024）第 070046 号

责任编辑：胡成洁
责任校对：孙　晨
责任印制：范　艳

互联网对农村居民收入差距的影响研究
吴　丹　著
经济科学出版社出版、发行　新华书店经销
社址：北京市海淀区阜成路甲 28 号　邮编：100142
经管中心电话：010 - 88191335　发行部电话：010 - 88191522
网址：www. esp. com. cn
电子邮箱：espcxy@ 126. com
天猫网店：经济科学出版社旗舰店
网址：http：// jjkxcbs. tmall. com
北京季蜂印刷有限公司印装
710 × 1000　16 开　13 印张　210000 字
2024 年 6 月第 1 版　2024 年 6 月第 1 次印刷
ISBN 978 - 7 - 5218 - 5788 - 7　定价：68. 00 元
（图书出现印装问题，本社负责调换。电话：010 - 88191545）
（版权所有　侵权必究　打击盗版　举报热线：010 - 88191661
QQ：2242791300　营销中心电话：010 - 88191537
电子邮箱：dbts@ esp. com. cn）

本书为以下项目成果:

海南省哲学社会科学规划课题"乡村振兴背景下海南省农村土地流转与农民增收研究"(课题编号 HNSK (ZC) 23–158)

海南省自然科学基金项目"海南省农民数字技能的工资提升及其分配效应研究"(课题编号 724QN256)

前　言

收入分配问题一直是经济学研究的重要主题。改革开放 40 多年来，我国经济快速增长，居民收入水平持续升高。然而，一个不容回避的现实问题是，我国城乡之间、地区之间、行业之间以及不同群体之间，仍存在不小的收入差距。党和国家高度重视收入分配不均问题。党的十八大报告指出，城乡区域发展差距和居民收入分配差距依然较大。党的十八届五中全会将"到 2020 年国内生产总值和城乡居民人均收入比 2010 年翻一番"作为全面建成小康社会新目标要求之一。党的十九大报告把"人民生活更为宽裕和居民生活水平差距显著缩小"作为决胜全面建成小康社会的第一个阶段目标，重点强调全体人民共同富裕迈出坚实步伐。2019 年 10 月，党的十九届四中全会指出，要坚持按劳分配为主体、多种分配方式并存，并提出要增加低收入者收入。2020 年 10 月，党的十九届五中全会进一步提出，要显著扩大中等收入群体，实现更加充分更高质量就业。2021 年第 20 期《求是》发表了习近平同志的重要文章《扎实推动共同富裕》，提出促进共同富裕，最艰巨最繁重的任务仍然在农村。实现共同富裕，是全国人民的共同期待，也是更好满足人民日益增长的美好生活需要的必然要求。

与此同时，伴随着我国经济的快速发展，以互联网为代表的信息技术正逐渐渗透到社会的各个领域，从根本上改变了人们的经济活动和生活方式。为适应互联网技术带来的变化，积极发展数字经济，中国政府先后提出了"宽带中国""互联网＋""智慧城市"和"数字中国"等一系列信息化发展战略。2018 年政府工作报告中提出，要"在医疗、养老、教育、文化、体育等多领域推进'互联网＋'"，2019 年和 2020 年的政府工作报告中更是两次提到要"全面推进'互联网＋'"。近几年，政府工作报告对推进"互联网＋"的描述从"多领域"转向"全面"，更加彰显出政府对互联网技术与各领域深度融合的重视。经济学理论表明，技术进步并不都是中性的，技能偏向的技术进步可能会导致收入差距扩大，加剧收入不平等。面对加快推进实现共同富裕的时代要求，互联网技术和数字经济的快速发展为我们提出了新的研究议题：互联网发展会减小还是扩大收入差距？尤其是，作为收入水平偏低的弱势群体，农村人口从互联网技术进步中获益更多还是更少？我国地域辽阔，东中西三大区域的互联网发展水平及农村居民收入水平不同，互联网对农村居民收入和收入差距的影响又具有怎样的区域差异？上述问题的答案，对于通过积极的政策干预缩小收入差距，促进农村农民共同富裕和满足人民日益增长的美好生活需要具有十分重要的理论及现实意义。

　　本书重点研究互联网对农村居民收入差距的影响，首先，在对已有文献进行梳理的基础上，分析不同来源收入差距对总体收入差距的贡献程度以及互联网和农村居民收入差距的相关性；其次，采用 CFPS2010～2016 年的调查数据，构建模型探讨互联网对农村居民收入差距的影响，以及对不同特征农村群体影响的差异，进一步找出互联网影响农村居民收入差距的作用机制。

　　本书主要研究发现包括三个方面。第一，我国互联网普及率总体呈上升趋势，分区域来看，东部地区互联网发展水平明显高于中西部地区，中西部地区之间的信息通信技术水平差距较小；农村居民收入差距始终保持在较高水平，分区域来看，结果依然成立。第二，互联网发展扩大了农村居民之间的收入差距。分收入来源看，工资收入差距和经营性收入差距在总的收入差距中占比最高，同时区县层面的互联网普及扩大了农村居民的工资收入差距和经营性收入差距。分区域看，互联网会提高东部地区和西部地区的工资收入差距，且对西部地区的影响更强；对于经营性收入差距而言，互联网加大了东部地区的收入差距，但对中部地区的收入差距无影响。分市场发育程度看，互联网对于高市场化组的除工资性收入以外的收入差距的影响更为明显。分年龄人口特征来看，互联网对于收入差距的影响主要集中在青年组；分教育水平来看，提高农村居民的教育水平能够在一定程度上降低互联网普及率对工资性收入差距和经营性收入差距的影响。第三，互联网的普及和应用虽从整体上提高了农村居民的收入，但对具备不同特征的农民群体而言，互联网对其收入的促进作用存在差异，特别是对于高收入群体的促进作用较强，这反而进一步加大了农村居民的收入差距。事实上，受教育程度相对较高的农村居民在使用互联网的过程中资源的拥有量更多、带来的回报率更高，收入增长更多。第四，互联网发展对不同受教育程度人口的就业、创业概率、就业类型和创业规模的影响程度不同，表明互联网技术的技能偏向特征是互联网发展影响收入差距的内在机制之一。

本书的创新点主要包括以下三个方面。第一，已有研究并未同时从宏观和微观层面研究互联网发展对收入差距的影响，大多从宏观层面探究了互联网普及对收入差距的影响，较少从微观角度讨论农村居民个体收入不平等问题，仅有少数研究估计了互联网使用对工资收入的影响。互联网普及影响收入差距必然是由于互联网发展对不同收入水平群体产生了差异化的影响，从而改变了收入分布状况。如果不从微观角度出发，揭示互联网发展对不同特征人口群体收入的差异化影响及其作用机制，就无法揭示宏观层面所观察到的互联网发展对收入差距的影响的内在机理。本书使用微观数据研究互联网对农村居民总体收入差距的影响，重点探讨互联网发展影响农村居民收入差距的内在机制。第二，本书构建了互联网影响农村居民收入差距的理论分析框架，并结合实际经济数据和计量经济学方法对理论假设进行了经验验证，通过将理论分析与实证检验相结合，提高了研究结论的有效性和可靠性，对已有相关研究做出积极的补充和拓展。第三，在研究方法上，重视和处理了互联网发展的内生性问题，识别了互联网发展对农村居民收入差距的因果效应，相对于现有研究，做出了方法上的改进。

目　录

导　　论

一、研究背景

（一）收入差距过大的问题依然突出

习近平同志指出，社会主义的本质要求是消除贫困、改善民生、逐步实现共同富裕。自党的十八大以来，为全面建成小康社会，中央提出了明确的脱贫攻坚目标任务，即到 2020 年我国消除绝对贫困。消除绝对贫困就意味着在历经绝对贫困治理这一阶段之后，我国将进入治理相对贫困这一新阶段。2019 年 10 月召开的党的十九届四中全会提出，坚决打赢脱贫攻坚战，建立解决相对贫困的长效机制。习近平同志在着眼于全面建设社会主义现代化国家的历史宏愿时提到，要实现人的全面发展和全体人民共同富裕，仍需解决发展不平衡不充分问题，缩小城乡区域发展差距。在党的十九届五中全会上，习近平同志又一次指出当前我国发展中存在的突出问题，即发展不平衡不充分和收入分配差距较大。会议还提到，到 2035 年要基本实现社会主义现代化远景目标，其中目标之一是"在实现全体人民共同富裕这一道路上迈出一大步"。想要构建相对贫困治理的长效机制，应完善收入分配制度，从初次分配和再分配两个方面支持欠发达地区的经济发展，缩小区域和城乡之间的收入分配差距。2021 年中央财经委员会第十次会议提出"促进农民农村共同富裕"这一任务要求，[①] 本质上就是要缩小农村居民内部收入差距。古语有云：不患寡而患不均。在消除绝对贫困的背景下，即消除"寡"之后，如何缓解"不均"显得至关重要。为了实现农民农村共同富裕的目标，就要促进农民增收，特别是帮助低收入农民群体实现收

---

① 理论网：http://www.cntheory.com/zycjwyhlchy/zycjwyhhy/202110/t20211008_20156.html。

入增长。

党和政府非常关注收入差距过大的问题，曾多次提出收入差距过大的问题是我国经济社会发展中存在的突出矛盾和关注焦点，党的十九大报告明确提出要缩小收入分配差距。随着我国经济进入新常态，经济结构不断优化，我国收入分配结构也逐步优化，使区域和城乡居民之间的收入分配失衡现象逐步得到改善。不过，在我国经济的快速发展使居民收入水平得到大幅提高的同时，收入差距过大问题却依然严重，特别是由于超高收入群体信息难以追踪，使得我国收入不平等存在一定的低估现象（罗楚亮，2019；李实，2020）。

《中共中央关于制定国民经济和社会发展第十四个五年规划和2035年远景目标的建议》提出了"十四五"时期经济社会发展主要目标，其中包括民生福祉达到新水平。[①] 指出要巩固拓展脱贫攻坚成果，并全面推进乡村振兴战略。想实现脱贫攻坚成果，巩固拓展经济社会发展的主要目标，就要缩小收入差距。研究收入问题不仅有助于正确地判断当前居民收入分配差距的程度，还能针对性采取措施提高低收入群体的收入水平、缩小收入分配差距。

（二）互联网信息技术正深刻影响收入差距

当前世界经济和社会发展的趋势之一是信息技术。习近平同志在致国际教育信息化大会的贺信中指出，以互联网、云计算、大数据等为代表的现代信息技术让人类的生产生活、学习方式以及思维方式都发生了变化。这也揭示了科技进步符合世界发展的潮流。[②] 自20世纪90年代以来，我国曾先后提出"宽带中国""互联网＋""智慧城市"和"数字中国"等信息化发展战略，2018年政府工作报告提出要"向多领域推进'互联网＋'，其中包括医疗、养老、教育、文化、体育等"，在2019年和2020年政府工作报告中更多次提出要"全面推进'互联网＋'"。近几年政府工作报告对推进"互联网＋"的描述从"多领域"转向"全面"，彰显我国政府对互联

---

① 中国政府网：https：//www.gov.cn/xinwen/2020－10/29/content_5555877.htm。
② 习近平：《习近平致国际教育信息化大会的贺信》，《光明日报》2015年5月24日第1版。

网技术与各领域深度融合的重视。伴随着我国经济的快速发展以及数字乡村战略的实施，作为数字化的核心技术，互联网正逐渐渗透到社会各个领域，从根本上使人类的经济活动和生活方式发生改变，特别是与农村居民的生产生活相结合，进一步改变其原有的生产生活运行模式。可以说，互联网正成为推动农民创业创新和增加农民收入的重要方式。第47次《中国互联网络发展状况统计报告》发布数据显示，我国网民规模从2009年的3.84亿人激增至2020年的9.89亿人，与此同时互联网普及率从28.9%增加到70.4%。截止到2020年12月，农村网民规模达3.09亿，占网民整体的31.3%，农村互联网普及率为55.9%。[①] 从上述数据可以发现，农村群体在非网民人数中占比较大。

互联网的出现和发展带来全球生产、管理、营销模式以及人们经济行为和生活方式的改变，特别是互联网的快速发展正深刻影响人们的生产与生活方式，进而影响了居民收入分配情况。实际上，互联网已经逐步成为影响收入分配的重要因素之一。互联网对收入差距带来的影响究竟是"数字鸿沟"还是"信息红利"，是一个有争议的话题。不少学者认为信息技术的应用和普及、网民规模不断扩大，为缩小中国城乡收入差距提供了机会（Gao Yanyan，2018；程名望，2019）。《2016年世界发展报告：数字红利》中提到，互联网发展向弱势群体和贫困群体提供了大量发展机会。此外，互联网的发展还有助于缩小城乡信息不对称，并在解决城乡鸿沟和数字鸿沟方面发挥重要作用（张晓燕，2016；宋晓玲，2017）。然而，也有学者认为互联网使用引发劳动力市场出现技能溢价从而扩大收入差距（Atkinson，2008；Goldin and Katz，2007），并且这种互联网红利主要集中在经济发达地区（Forman et al.，2012；邱泽奇等，2016）。以互联网为代表的信息技术平台与各产业融合，促进产业转型和升级，由此衍生出新产业形态，改变了人们传统的就业模式（王娟，2019）。互联网时代的新业态改变了人们的生产生活方式以及就业方式，并且使工作搜寻成本降低，对劳动者的收入及收入差距产生影响。

当下信息化发展快速，研究以互联网为核心的信息与通信技术将如何影响居民收入差距问题变得越来越重要。在中国发展战略转变的背景下，

---

① 中国互联网络信息中心（CNNIC）2021年发布的第47次《中国互联网络发展状况统计报告》。

即在 21 世纪初我国提出可持续和包容性经济增长的背景下，互联网究竟是缩小还是加大居民之间的收入差距呢？联合国《2019 年全球可持续发展报告》(*Global Sustainable Development Report*)① 指出：在未来的十年，各国所遭受的不平等水平会因各国政策不同而不同。由此可见，国家政策对收入差距产生的影响巨大。在未来相当长的一段时间里，缩小居民收入差距一直会成为中国经济社会发展中不得不面对的重要课题之一。2020 年印发的中央一号文件《关于抓好"三农"领域重点工作确保如期实现全面小康的意见》提出，要多渠道促进农户持续增收，稳定农民就业，促进农户创业。一系列推进农民就业和创业的政策在刺激农村经济并带来农村收入增加的同时，也带来了农村居民内部收入差距加剧的风险。因此，有必要全面深入系统研究互联网如何影响农村居民收入差距这一问题。

二、研究意义

随着我国经济社会快速发展，缩小收入分配差距和降低居民收入差距是实现共同富裕的重要有效手段。在收入差距过大问题依然存在及互联网迅速发展的双重背景下，着重研究后富群体即农村居民群体收入差距问题十分重要，尤其是探讨分析互联网对农村居民收入差距的影响具有重要的理论和现实意义。研究互联网对收入差距的影响过程和作用机制，不仅有助于缩小收入差距，也将为促进经济高质量可持续发展、更快实现共同富裕提供政策借鉴。

（一）理论意义

第一，本书针对微观层面上农村居民收入不平等研究不足的问题，对相关研究做了补充。目前已有研究在收入差距测量指标的选择上多选用基尼系数、回归分解、泰尔指数、多维贫困指数等，相较之下，基尼系数是目前公认比较好的测度收入差距的指标。为了从微观层面上提供更为有力的经验支持，本书利用区县层面的基尼系数、收入分位数和泰尔指数作为

---

① 报告来自联合国官方网站：https://www.un.org/en/desa/global-sustainable-development-report-2019。

衡量居民收入差距的指标，用定量方法从区县层面考察互联网如何影响农村居民收入差距，更为深入细致地研究互联网对农村居民不同类型收入差距的影响。

第二，在劳动经济学理论基础上纳入信息经济学等理论，构建多学科有机结合的理论分析框架。尽管互联网可以大幅提高劳动者个体生产效率并实现收入增长（Krueger，1993；Lee and Kim，2004；李雅楠等，2017），然而互联网对劳动者收入的影响具有技能异质性。当技术进步时，企业对技能劳动者的需求增加，从而带来技能劳动者的收入增加；而非技能劳动者则受到替代效应的影响造成其收入下降，因此互联网对不同居民群体的收入影响差异显著。本书运用相关经济学理论，不仅从理论层面对互联网与农村居民收入差距之间的关系进行剖析，深入分析互联网对农村居民收入差距影响的内在作用机理，还通过经验数据进行验证，对已有理论研究进行扩展和补充。

（二）现实意义

首先，研究收入差距扩大问题有助于建立社会良性流动机制，促进经济持续增长，为进一步实现全体人民共同富裕保驾护航。收入差距现象不可避免，适度的收入差距有助于增强劳动积极性，提高劳动生产效率。然而，如果收入差距不能被控制在合理范围内，那么社会公平将会受到挑战，同时还会制约经济实现包容性增长。不同群体之间之所以产生收入差距，其中一个重要的原因就是信息不对称（Acemoglu，2002），作为一项信息技术，互联网可以促进知识、信息和观念的传播，进而影响收入不平等（Yushkova，2014）和经济增长（Choi et al.，2009）。在已消除绝对贫困以及区域性整体贫困的前提下，如何让摆脱贫困的低收入群体走上共同富裕之路是未来一段时间内我国政府的重点工作之一。国家之所以提出共同富裕，正是因为不必要的收入差距未能得到改善。共同富裕涉及很多方面，包括财富分配、收入分配和公共服务均等化等。作为富裕程度的重要决定变量，收入具有至关重要的作用。本书探究收入差距的发展历程和影响因素，尝试为建立社会良性流动机制，促进经济高质量可持续发展提供参考。选择研究收入差距问题对于我国经济发展本身具有重要意义。

其次，研究如何缩小农村居民收入差距，特别是分别探究互联网发展对工资性收入差距和经营性收入差距的影响，有助于更为深入地了解互联网技术发展和应用的增收效果，从而提出更具体、更有针对性的政策措施以缩小收入差距问题。作为中国经济增长的新动力，以互联网为代表的信息技术正在迅猛发展。在这一发展过程中，农村居民收入如何分配，呈现出什么特征，不同农村居民群体之间的收入差距程度如何，分收入结构来看互联网究竟对农村居民的哪种收入①差距影响较大，公共政策怎样制定才能更为有效地缩小农村居民收入差距？要想回答上述问题，就需要厘清互联网对收入差距的影响以及机制，深刻理解不同区域之间的农村居民收入差距现状以及互联网对农村居民不同收入来源的不平等作用的差异程度，探讨其中的理论和实证解释，以便为通过政策干预更好地缩小收入差距提供政策借鉴。

三、研究内容及研究思路

（一）研究内容

本书主要包括以下六个部分。

第一部分是导论。包含研究背景和研究意义两部分内容。接下来是研究思路及结构安排、研究方法、研究目标和可能的创新点，阐述本书研究思路和研究内容。

第二部分为第一章。包括相关概念的界定和互联网发展与农村居民收入差距的文献综述、农村居民收入差距的影响因素、互联网发展的相关研究以及互联网发展与农村居民收入差距关系的研究等内容。

第三部分为第二章，阐述了互联网发展与农村居民收入差距的相关理论和影响的作用机制，构建了本书的理论分析框架，论述农村居民收入差距的发生机制，并对互联网发展影响农村居民收入差距的机理进行分析。

第四部分为第三章，主要对互联网发展的现状与农村居民收入差距特征进行描述性分析。分别对我国互联网发展和农村居民收入差距水平进行

---

① 按收入结构划分，收入具体包括工资性收入、经营性收入、财产性收入和转移性收入。

测算，根据测算结果，描述分析了我国互联网发展和农村居民收入差距的发展现状和变化趋势。

第五部分在前文理论分析的基础上，基于实际经济数据和计量经济学方法，考察了互联网发展对农村居民收入差距的影响。其中，第四章实证分析互联网发展对农村居民收入差距的影响，发现互联网发展扩大了农村居民收入差距，并通过分位数回归估计互联网发展对不同收入分布水平上农村居民收入的影响；第五章从就业和创业角度出发，探究互联网发展影响农村居民收入差距的路径，以揭示互联网发展影响农村居民收入差距的内在机理。

第六部分是结论和研究展望，总结主要研究发现，提出政策建议，同时指出本书的不足之处和今后的研究方向。

（二）研究思路

本书主要研究互联网发展对农村居民收入差距的影响效应，主要研究思路如下。

一是参考现有文献，结合经济社会发展情况对互联网发展和收入差距这两个重要的概念进行界定，为后文理论分析和实证分析奠定基础。

二是梳理互联网发展与收入差距的国内外相关文献，在已有研究中找出尚待完善的地方，提出本书研究的创新之处。

三是运用相关数据分别测算我国互联网发展水平和农村居民收入差距程度，并描述分析我国互联网和农村居民收入差距的发展现状和变化趋势。

四是梳理互联网发展与农村居民收入差距的相关理论，识别互联网发展影响农村居民收入差距的理论机制，构建完整的理论框架，为后面的实证分析提供理论支持。

五是建立计量模型，实证分析互联网发展对农村居民收入差距及分项收入差距的影响，并采用多种模型设定和计量分析方法对研究结论的稳健性进行检验，并区分人口特征和区域进行异质性讨论。

六是对互联网发展影响农村居民收入差距的理论机制进行实证检验。

七是在理论分析和经验研究发现的基础上，提出相关政策建议。

全书总分析框架如图 0-1 所示。

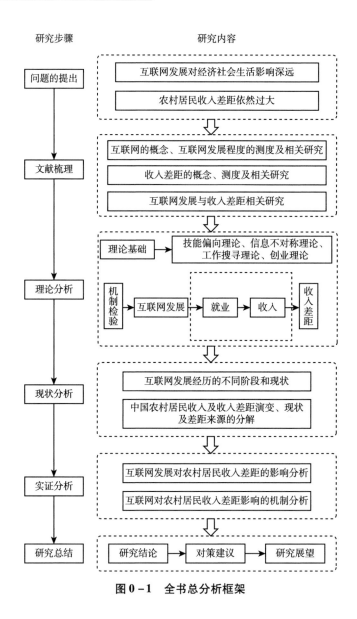

图 0-1 全书总分析框架

四、研究方法

本书在技能偏向理论、信息不对称理论、工作搜寻理论、创业理论等理论的基础上，以经济学、统计学等学科的理论模型和工具方法为依据，采用文献分析法、理论分析方法、定性研究和定量研究，对互联网发展影响农村居民收入差距进行了实证分析，主要分析方法具体介绍如下。

一是文献分析法。基于国内外已有文献，首先对互联网发展和收入差距进行概念界定；其次对相关领域的国内外文献进行梳理，分析互联网的特性与影响效应，论述互联网发展对生活、学习和工作各个方面的影响，在已有研究的基础上找到可以突破和完善的方向和内容。

二是理论分析法，基于劳动经济学的相关理论，构建互联网发展影响收入差距的理论框架。

三是比较分析法。本书在研究视角上加入宏观视角和微观视角的对比；在研究内容上，本书利用统计年鉴上的宏观经济数据和微观数据库 CFPS 对我国互联网发展和收入差距水平及变化趋势进行了描述，还对互联网发展和收入差距水平的区域差异进行了比较分析。

四是计量分析法。本书利用微观数据库 CFPS 数据，采用数理和计量方法对互联网发展如何影响农村居民收入差距进行实证检验，具体方法包括固定效应模型、Probit 模型、2SLS 模型、无条件分位数回归等。

五、研究目标和可能的创新点

（一）研究目标

本书具体研究目标包括以下三个。

第一，描述我国互联网的发展应用与农村居民收入、收入差距的现状、变化趋势以及区域差异。具体地，在对互联网普及及使用与农村居民收入差距水平进行测算的基础上，进一步讨论互联网普及情况与农村居民收入差距的相关性。

第二，探究互联网发展对农村居民收入差距的影响及其异质性分析。通过回归模型实证分析互联网发展对农村居民收入差距的影响，并分别估计互联网发展对农村居民分项收入差距的影响、对不同地区农村居民收入差距的影响，以找出互联网发展对农村居民哪种类型收入差距的影响更大，以及互联网发展对农村居民收入差距影响的区域差异。进一步从微观层面上分析不同特征的农村居民群体使用互联网对其收入水平影响的差异。

第三，探讨互联网发展影响农村居民收入差距及分项收入差距的内在机制。在找出农村居民收入差距中贡献度较高的分项收入差距的基础上，进一步探究互联网发展如何影响农村居民收入差距。

（二） 可能创新点

作为对现有文献的补充，本书创新之处体现在以下几个方面。

第一，研究内容更为深入。以往研究在分析互联网发展如何影响农村居民收入差距时，以探讨互联网使用对总收入的影响或者互联网使用对工资收入的影响为主，发现互联网使用确实影响了总收入差距或者是工资收入差距，然而并未针对其他分项收入差距及其机制展开详细讨论。本书利用相关数据考察了互联网发展与农村居民收入差距之间的关系，找出农村居民收入差距中占比最大的收入来源，即找出占农村居民收入比重较大的收入类型，进而着重探讨互联网发展对其产生影响的内在机制。

第二，研究层次更为丰富。以往文献多从宏观层面探究了互联网普及率对居民收入差距的影响，或是从微观角度讨论互联网使用对居民收入的影响，缺乏对宏观层面收入差距的讨论（吴赛尔等，2017）。本书认为，研究宏观经济、市场结构以及收入状态时，不能抛开微观个体选择行为不谈，即不能仅就微观或宏观视角进行研究。因此，本书尝试从两个层面进行论述：首先，从区县宏观层面上研究互联网发展对农村居民收入差距的影响效应；其次，从微观个体层面研究互联网发展影响农村居民收入不平等的内在机制。

第三，多种研究方法综合应用。本研究将定性分析和定量分析相结合，运用大量的定量研究方法，比较清晰地论述收入差距的机制以及互联网发展在其中所起的效应，从而对已有相关研究进行有力补充和拓展。进一步识别互联网发展和收入差距之间的因果关系。本书使用更为科学有效的方法面板固定效应模型，选择更加合理的工具变量，得到更为科学严谨的实证结果。

第一章

概念界定及文献综述

第一节　相关概念界定

一、互联网的概念及对互联网发展程度的测度

（一）互联网的概念界定

以互联网为代表的信息技术革命被称为人类的"第三次革命"，它正通过加快信息传播速度、加速社会资源共享、改变人们的生活和工作方式以及提高整个社会的生产效率等方式，为经济社会带来巨大变革。信息通信技术涉及的范围很广，互联网属于其中一部分。为深入了解互联网，首先来看信息通信技术的概念。信息通信技术的英文是"Information Communication Technology"（ICT），从名称上可以将其理解为是信息技术（IT）和通信技术（CT）经过融合后产生的新概念。信息通信技术是信息技术和通信技术的总称，其中信息技术包括管理和处理信息时采用的各种技术，通信技术包括用于信息传递的各种方法和措施。作为信息技术和通信技术的融合，信息通信技术包括信息处理和信息传递等要素。信息技术与通信技术之间关系非常紧密，信息技术可以在很大程度上提升通信技术服务质量和速度并降低通信成本，而信息技术包括信息的产生、传输、处理在内的核心功能需要通信技术的支持。近些年来，信息通信技术越来越广泛地被用于人类的生产活动，成为经济发展和社会进步的重要动力。总部设在巴黎的经济合作与发展组织（OECD）于2011年发布《衡量信息社会

指南》①，对信息通信技术的定义为：通过电子方式实现或促成信息处理和交流功能的产品或服务。在相关文献和报告中，与信息通信技术相关的概念并不统一。对以往文献进行梳理后发现，信息通信技术概念的界定可以分为狭义和广义两种。从狭义上看，信息通信技术是以计算机技术和通信技术为主要特征的信息技术（岳毅宏、韩文秀，2002；杜兴洋等，2018）。随着科技进步与不断创新，除了计算机技术和通信技术，新一代信息通信技术还有云计算、物联网和移动互联网（Sichel and Oliner，2002；徐鑫、刘兰娟，2014；杜传忠、郭美晨，2017）。上述研究均把信息通信技术视为一种与资本要素、人力要素相似的生产要素。从广义上看，信息通信技术包括任何以电子形式存储、检索、操作、传输或接收信息的相关产品与技术以及信息通信技术和产业融合背景下涌现出的新技术、新产业和新业态（郭美晨，2019；张宏如、刘润刚，2019）。在狭义层面上，互联网也属于信息通信技术。

对于互联网的概念界定，主要参考以下几方面内容。（1）维基百科对"互联网"的定义。在维基百科中，互联网指的是 20 世纪末期由互联网协议套件（TCP/IP）连接的全球化网络系统。它通过一系列广泛的技术如各类电子、无线和光纤网络，将从地方到全球范围内几百万个私有、学术界、企业和政府的网络相连接。互联网承载着多方面的信息资源和服务，其中包括万维网的应用程序、网络连接的超文本文件、电子邮件、通话服务和文件共享。②（2）《剑桥词典》的定义。《剑桥词典》认为互联网是由世界各地联网的计算机组成的大系统，它可以为人们提供共享信息和相互通信服务。③（3）技术百科的定义。技术百科认为，作为一个全球连接的网络系统，互联网使用 TCP/IP 进行数据传输。此外，它通过向导、无线和光纤技术连接全球交流网络，具体包括私人、公共、商业、学术和政府网络。④ 在参考已有研究对互联网的定义并结合本书的研究需要后，本书认为互联网是一个全球连接的网络系统，它通过一系列广泛的技

---

① Development OFECA. Oecd Guide to Measuring the Information Society 2011 ［M］. Oecd, 2011.

② Wikipedia, internet. https：//en. wikipedia. org/wiki/Internet.

③ Cambridge Dictionary, the internet, https：//dictionary. cambridge. org/dictionary/english-chinese-simplified/the-internet? q = internet.

④ Techopedia, Internet, https：//www. techopedia. com/definition/2419/internet.

术如各类电子、无线和光纤网络，将全球范围内几百万个私有、学术机构、企业和政府的网络相连接。

（二）互联网发展程度的测度

以互联网为代表的信息通信技术正全面渗入人类社会生产生活，成为影响全球经济发展的重要因素。在此背景下，国内外机构和学者纷纷对互联网发展程度的测度开展了深入的研究，构建了多种不同的指标来量化互联网技术的发展和应用状况，并按照指标构成的维度不同将衡量互联网发展程度的指标分为两大类：一是单一维度下的互联网发展指标；二是多维度下的互联网发展指标。目前对互联网发展程度的测度有单一指标和多维指标两种，单一维度下的互联网发展程度指标包括互联网资源、互联网用户数或是互联网普及率（李立威，2013；杜雯翠，2016；韩长根，2019）、网址链接数量（Hellmanzik，2015；施炳展，2016）以及使用互联网和移动互联网情况（谭燕芝，2017；朱秋博，2019；鲁元平，2020）等。在多维指标体系下，尽管学者们并未完全达成共识，然而他们所构建的指标却有共同之处，比如互联网普及率、互联网相关从业人员等指标都是用来反映互联网发展水平情况，在应用以及技能层面上的指标亦如此。在宏观层面上，互联网发展主要表现为互联网普及率。[①] 在微观层面上，互联网发展主要表现为个体是否使用互联网、使用互联网强度、类型以及用途等。综合考虑数据可获得性之后，本书使用区县层面的互联网使用情况（区县层面上互联网普及率)[②]、是否使用互联网和使用互联网强度等相关指标来测度互联网发展程度。

二、收入差距的概念及测度

（一）收入差距的概念界定

早在李嘉图（1817）的要素收入分配理论中就首次提出了"收入不

[①] 采用互联网使用人数与总人口数之比来衡量，即互联网普及率＝互联网使用人数/总人口数。

[②] 区县层面上互联网普及率是指区县层面上互联网使用数占区县内总人口总数的比例。

平等"概念，随后帕累托利用帕累托收入累积分布函数测量了不同经济单位的收入占比，揭示了收入差距的本质。实际上，在以自由竞争为基础的市场经济中不可避免地存在着收入差距，这是竞争造成的必然结果（Dabla et al.，2014）。收入差距的概念分狭义和广义两种。从微观角度来讲，用收入不平等衡量个人或家庭层面上的可支配收入差距。从宏观角度上看，收入差距不仅发生于个人、家庭中，也包括行业、地区之间等经济单元获益超过一个特定区间，存在收入差异导致经济失调（Deaton and Paxson，1995）。因此，本书在利用微观数据进行经验研究时，所研究的收入不平等是指居民家庭层面上的可支配收入差距。

（二）收入差距的测度

从研究范畴和测度而言，收入差距的测算主要体现在宏观和微观两个层面上。在宏观视角下，收入差距的测量方法包括：城乡收入差（许明、刘长庚，2015）、城乡收入比（王修华，2011；陈斌开、林毅夫，2013；张彤进、任碧云，2017；韩长根，2017）、泰尔指数（龙海明等，2015；程名望、张家平，2019；贺娅萍、徐康宁，2019）以及基尼系数（李实、罗楚亮，2011；邵红伟、靳涛，2016）等。在微观层面上，收入差距的测量方法包括：Yitzhaki 指数（Yitzhaki，1979）、Kakwani 指数（Kakwani，1984）、Podder 指数（Podder，1996）、Esposito 指数（Esposito，2010）、考虑收入取值范围的相对剥夺指数（Ren and Pan，2016）以及个体不平等指数（Fehr and Schmidt，1999；孙计领等，2018）。此外，也有学者从客观和主观两个方面利用收入分位数、Deaton 指数和社会经济地位自我评价来衡量收入差距（苏钟萍、张应良，2021）。在这些用收入测度的相对剥夺指数中，Kakwani 指数满足无量纲性、正规性、转移不变性等性质（任国强等，2017）。基于以往的分析，结合本书研究需要和数据可获得性，本书在实证分析中也采用区县层面上的基尼系数来综合衡量我国农村居民[①]的收入差距水平，同时用泰尔指数和 Kakwani 指数进行稳健性检验。

---

① 本书主要按照户籍来划分，认为农民是具有农村户籍的居民。

第二节　文献综述

一、收入差距的影响因素文献回顾

诸多研究对于收入差距的成因进行了充分解释。从已有文献来看，影响收入差距的主要因素体现在宏观和微观两个层面，具体影响因素可以分为经济因素、政府政策、其他宏观因素和其他微观因素四个层面，同时在每个层面上还包括更为细化的影响因素。

（一）经济因素层面

1. 经济发展水平

有大量已发表的研究证实了经济增长可以降低收入差距。陆铭等（2005）通过联立方程模型和分布滞后模型，得出经济增长可以降低收入差距的结论。孙群力（2014）实证分析了经济增长和腐败对收入差距的影响，发现经济增长有利于缩小收入分配差距。程强（2019）通过 50 个国家 2004～2015 年的数据，利用 SEM 模型发现经济发展水平提升有助于降低收入差距。此外有学者还发现区域经济发展水平也会对收入差距产生影响。许明、刘长庚（2015）通过中国 1978～2010 年省际面板数据，认为提高区域经济发展水平有助于缩小城乡居民之间的收入差距。

2. 城镇化水平

作为 21 世纪全球发展的重要特征之一，城镇化这一概念被学者们引入收入差距的研究框架中。先前的研究已经证实了城镇化会影响收入差距。有学者认为城镇化可以缩小城乡收入差距，同时城镇化滞后是造成城乡收入差距居高不下的原因之一（陆铭、陈钊，2004；陈斌开、林毅夫，2013）。也有学者认为城镇化和收入差距的关系呈倒 U 形，即初期城镇化导致整体不均等上升，但后期会改善收入不平等（万广华，2013）。郭熙保、朱兰（2018）利用 2016 年的 CGSS 数据，发现城镇化可以影响城镇的收入差距，相对而言城镇化使高职业技能者获益更大。也有学者认为城镇化对于城乡差距之间有着反向作用，即城镇化会加剧城乡收入差距（刘维奇、韩媛媛，2013）。

3. 产业发展水平

产业结构转型和产业绿色转型是保障经济增长的关键变量，更是影响收入差距问题的重要因素。从各种研究中可以很好地确定产业结构转型与收入分配之间的关系，合理的产业结构转型有助于缩小收入分配差距，产业结构的不合理则会扩大收入分配差距。陈斌开、林毅夫（2010）研究显示，落后国家的重工业优先发展战略会降低城市化水平，由此带来更高的城乡工资差距。高霞（2011）发现产业结构变化（第一产业比重下降以及二、三产业比重上升）会造成城乡收入差距扩大。傅振邦、陈先勇（2012）利用湖北省数据发现影响湖北省城乡收入差距的主要因素是产业结构变动。程莉（2014）则认为产业结构合理化有助于缩小城乡收入差距，产业结构高级化会扩大城乡收入差距。然而吴万宗、刘玉博和徐琳（2018）的研究得出不同结果，他们进一步把收入差距从城乡扩大到全社会，通过考察1978～2015年产业结构变迁与居民收入差距关系，发现产业结构合理化会优化收入分配效果，这与上述研究结果一致，而产业结构高级化对收入差距的影响作用却不确定。更进一步，随着生态环境问题层出不穷，产业绿色转型发展会产生怎样的外部经济效应正引起学者关注。马青、傅强和王庆宇（2019）运用我国2007～2016年的30个省市级面板数据探究产业绿色转型对城乡收入差距的影响，研究显示，长期来看产业绿色转型有利于缩小城乡收入差距。

4. 金融发展水平

影响居民收入分配的重要因素之一是金融发展。唐礼智、刘喜好和贾璇（2008）利用1987～2006年的数据对我国金融发展与城乡收入差距的关系从全国和区域层面展开研究，显示全国和东部地区金融发展规模和城乡收入差距之间呈库兹涅茨（Kuznets）倒U形曲线条件。构建普惠性的农村金融体系对于缩小收入差距有重要作用。刘玉光、杨新铭和王博（2013）运用1978～2008年的中国省际面板数据，研究发现，在我国金融发展会拉大城乡收入差距。基于市场竞争、金融排斥与城乡收入差距三者之间作用机制问题，薛宝贵、何炼成（2016）发现市场竞争让资本要素向城市集聚造成农村金融排斥，农村金融排斥则导致城乡收入差距扩大。随着技术发展与产品创新的逐渐融合，学者们对收入差距扩大问题的研究视角从传统金融转向数字金融，研究结果大都倾向于数字金融发展可以降低收入差距。张晓燕（2016）研究发现互联网金融发展可以促进普惠金融发展水平的提高，同时提高普惠金融发展水平有助于缩小城乡收入差距。宋晓玲（2017）也发现发展数字普惠金融可以缩小城乡居民收入差距。

5. 外商直接投资

目前已有较多研究结果显示外商直接投资（FDI）的进入扩大了中国收入分配差距。韩军、刘润娟、张俊森（2015）使用 1988～2008 年个人和家庭层面的微观数据，用劳动力市场上全职工人收入的第 90、第 50 和第 10 百分位数的分位工资差距作为衡量收入分配差距的指标，用分位数回归法计算后发现对外开放扩大了城市不同收入群体的收入分配差距。郑新业等（2018）研究发现外商直接投资通过劳工标准和环保标准这两个渠道实现对收入分配的影响。刘海云、石小霞和覃飞（2019）利用 2009～2016 年中国上市公司数据，发现企业对外直接投资缩小了企业内收入差距，且民营企业对外直接投资对收入差距缩小作用更明显。也有研究结果认为 FDI 对收入差距的影响呈现出先增加后减少的趋势。詹宇波、刘荣华（2010）发现外商直接投资对我国收入差距的影响呈现倒 U 形，同时还发现这种影响效应存在区域差异。

（二）政府政策层面

作为影响国家经济增长的因素之一，财税政策是改善收入分配的重要工具（米增渝等，2012）。雷根强、蔡翔（2012）采用中国的省级面板数据，发现我国城乡收入差距不断扩大的重要原因是劳动报酬在初次分配中比重下降以及城市偏向的财政再分配政策。魏福成（2014）通过构建人力资本积累的世代交叠模型，发现个人所得税中的费用扣除额和平均税率可以直接影响税后收入以及影响人力资本投资从而间接影响税后收入，进而影响收入差距。陈斌开、李银银（2020）利用农业农村部固定观察点数据，发现削减税费对农村收入差距有显著缓解作用。当前财税政策的再分配功能对降低收入差距有重要贡献。也有学者实证发现，长期来说财政政策对改善收入分配没有影响。白仲林、尹彦辉和缪言（2019）通过构建考虑家庭收入异质性和细化财政政策工具的新凯恩斯 DSGE 模型，模拟财政政策的宏观调控效果，研究表明财政收入政策会扩大收入差距，财政支出政策在短期内可改善收入分配格局，而长期则无法缩小收入差距。

（三）其他宏观因素

1. 人口变化

老龄化是解释收入差距的重要因素（Winegarden，1978；Dahan and Tsiddon，1998）。董志强、魏下海和汤灿晴（2012）使用 1996~2009 年中国省际面板数据，验证老龄化会显著加剧我国收入差距。蓝嘉俊、魏下海和吴超林（2014）进一步发现老龄化对我国收入差距的影响效应在收入水平较高或者老龄化水平较高的国家表现得更为明显。刘金东、冯经纶和王生发（2014）把老龄化效应分为年龄内效应和年龄间效应，发现中国老龄化效应主要源于年龄间效应，虽然老龄化对中国收入差距具有负面影响，但老龄化效应对中国收入差距的贡献率远低于国外。王笛旭、冯波和王淑娟（2017）实证研究发现人口老龄化会加速城乡收入差距，且不同地区受到的影响作用不同，地区的经济发展水平越高，老龄化对收入差距的作用效果越明显。

2. 技术创新

有学者认为技术创新是缓解收入差距的重要推动力，技术创新有利于降低收入差距，可以促进社会公平。涂涛涛、李谷成（2017）利用中国动态 CGE 模型，发现虽然中期农业技术进步会加剧城乡绝对收入差距，但是在长期农业技术进步可以缩小该差距。张帆、李娜和董松柯（2019）利用超效率 DEA 与双边 DEA 方法，发现虽然技术进步有助于缓解收入差距问题，但是应注意技术和产业结构的有偏发展所带来的行业收入差距扩大。也有学者认为技术创新对居民之间的收入差距起促进作用。从理论上讲，技能偏向理论很好地解释了收入差距扩大的原因，主要是技术进步对高低技能者收入的促进作用不同，对高技能劳动者来说促进的作用更为明显，从而加大高低技能劳动者之间的收入差距。徐舒（2010）从受教育水平角度解释了技能偏向型技术进步对收入差距的影响，与受教育水平较低的劳动者相比，技术进步对受教育水平较高劳动者带来的边际收益率更高，因此会导致收入差距扩大。孙焱林、李昕（2015）用专利授权数量代表技术进步，研究发现专利数量的倒数与基尼系数呈显著的负相关，即科技进步与城乡收入差距正相关。余菊（2014）运用各省市的研究与试验发展

（R&D）经费支出来测算科技进步，也发现技术进步会拉大收入差距。陈怡、刘芸芸（2019）发现技术创新对高收入人群的收入增加作用更加明显，从而扩大了居民总体收入差距。随着人工智能技术的快速发展，学术界在研究收入差距问题时开始关注人工智能技术这一影响因素。王林辉、胡晟明和董直庆（2020）采用我国2001～2016年全国及省级层面数据，发现人工智能技术改变了劳动岗位和生产率，从而使高技术部门与低技术部门之间的劳动收入差距每年平均扩大0.75%。信息通信技术作为技术创新手段的一种，对收入差距起着重要的影响作用，具体内容将在下一节详细展开。

（四）其他微观因素

1. 个体特征

讨论个体收入不平等问题时，其个体特征是不能忽视的重要影响因素。西方经济学和社会学关于不同性别在就业和收入不平等方面做了大量的研究。由于女性受教育程度偏低，其进入高收益的行业或职业的可能性就更小，故女性在整体上收入低于男性（Petersen et al., 1995）。由性别差异导致的性别收入差距会加剧城镇劳动力市场整体的收入不平等（李实，2010）。因此，居民性别造成的工资不平等也是影响个体层面收入不平等的一大因素。个人收入随着劳动者年龄的变化而变化。劳动者刚步入职场，缺乏工作经验积累，工资相对较低。随着工作时间增加，劳动者的工作经验不断积累，从而其收入也不断增加。到一定年龄之后，其收入维持在一定水平或者略有下降。

人力资本是影响收入不平等的重要因素，已有文献普遍认为，人力资本对于收入不平等有显著的抑制作用，特别是受教育程度会显著影响收入不平等。杨娟、赖德胜和邱牧远（2015）通过构建世代交叠模型，发现义务教育是影响收入不平等和代际流动性的主要原因。杨晶、邓大松和申云（2019）研究发现人力资本的积累可以减缓居民收入不平等。

此外，婚姻有助于女性提高工资收入，表现在女性工资绝对量上以及男女性别工资差距水平上。也有学者通过研究英国性别工资差距的影响因素，发现结婚后的女性更有可能提高工资收入（Greenhalgh, 1980），同时女性在结婚后，与男性的工资性收入差距将缩小7%～18%（Loughran, 2002）。

2. 家庭特征

劳动力数量减少的家庭人均收入会减少，同时与其他劳动力数量充足的家庭之间的收入差距扩大。倪旭君（2015）从家庭年龄结构、收入结构、规模结构和知识结构四个维度指标分析了家庭结构变动对家庭收入变动产生影响，其中规模结构反映家庭内个体数量。研究结果显示，该影响主要表现在知识、年龄和收入结构上。家庭拥有私营企业和多处住房就意味着拥有较其他家庭更多的财富和资产，不同家庭拥有房产和经营企业所带来的财富不平等势必会影响收入不平等。从整体来看，从 1998 年我国实施住房商品化改革至今，房价呈现出上升趋势。有房家庭的房产财富随之增加。快速上涨的住房价格会通过财富分配、消费挤出和通货膨胀三种效应加剧了居民收入差距（胡晶晶，2012）。总的来说，家庭经济水平会影响居民收入不平等（张川川等，2015）。

3. 其他特征

社会保障。社会保障制度越完善，越有助于缓解收入差距。杨晶、邓大松和申云（2019）研究证实了社会保障制度抑制居民收入不平等程度的恶化主要是通过收入增长效应和收入差距减缓效应来实现的。东、中和西部地区社会保障制度和城乡社会保障制度存在不平等，这种不平等会扩大收入差距。李实、徐晓静和贾晗睿（2019）将社会保障制度细分到基本养老保险领域，发现城乡之间养老保险缴费存在发展不平等现象，且农村的不平等大于城镇。养老保险缴费过程扩大了城镇内部的收入差距，对农村地区的再分配作用尚不明显。李丹、裴育（2019）发现社会保障服务差距的扩大将使城乡收入差距显著扩大。

金融产品。金融发展会使穷人获得更多的金融服务，从而提升资本配置效率来缩小居民收入差距水平。居民选择投资金融资产，其家庭财产性收入也会提高。王书华、苏剑（2012）运用 2100 户农户 2005～2009 年的微观面板数据，发现不同的农户金融资产配置会影响农户间的收入差距。王书华、杨有振（2015）研究指出想要缩小收入差距，可以在中长期改善城乡居民家庭金融资产配置。喻平、徐浩洋（2019）基于 2011 年和 2013 年家庭金融微观调查数据，研究发现家庭金融资产总值和家庭金融风险资产权重会显著影响居民收入差距，对居民收入差距的影响随着资产配置投资的风险不同而不同。

二、互联网技术的发展和应用对收入差距的影响研究

以互联网为代表的信息通信技术的出现和发展正在改变全球生产、管理、营销模式以及人们的经济行为和生活方式，同时在个人增收方面起到至关重要的作用，通过改变个人收入进而影响居民的收入分配。大多数学者均认为互联网发展可以提高劳动者工资、提高居民收入，但是在如何影响居民收入分配的问题上却并未达成共识。在此基础上，学者对互联网发展如何影响居民收入差距问题展开了进一步研究。资本和技术在本质上是互补的（Griliches，1957），同时技术发展促进了对技能的需求（Nelson and Edmund，1966；Tinbergen，1975）。事实也确实如此，计算机、与计算机相关的生产技术和机器人技术的出现增加了对技术工人的需要，同时也取代了很多劳动密集型工作。上述研究证实了技术变革确实会影响收入差距。国外学者对互联网影响居民收入差距的主题也展开了大量研究。部分学者认为互联网发展会缩小居民城乡差距。互联网的广泛应用能够通过降低信息获取成本，增加低收入和低教育水平等低社会地位群体获取信息的可能性，从而提高他们的劳动回报，最终缩小收入差距及实现阶层向上流动（Anderson et al.，1997）。互联网普及通过提高生产力削弱了居民之间的收入差距（Lloyd-Ellis，1999）。互联网使用有助于农村居民通过提高自身收入从而缩小其与城镇居民之间的收入不平等（Gao et al.，2018）。部分学者则表示互联网普及和使用对不同地区及不同群体特征的居民影响不同，其最终结果是拉大了收入差距。学者们通过对互联网如何影响不同区域间收入差距进行研究，发现互联网会扩大城乡居民之间的收入差距。当前世界正处于由信息技术推动的"第三次工业革命"之中，这场革命是造成不平等加剧的因素之一（Francesco，1999）。在坦桑尼亚这一发展中国家，数据网络信息覆盖存在明显城乡差异，这种差异可能会造成发展中国家城乡收入差距的扩大（Furuholt and Kristiansen，2007）。在美国，有学者利用 CPS 数据研究了互联网与劳动者收入之间的关系，研究表明，互联网让高技能工作者获益更大，因此可能会带来不同劳动者收入间的不平等（Dimaggio and Bonikowski，2008）。还有学者运用美国 163 个郡县的面板数据，发现互联网对人口数量和教育资源相对集中的地区居民收入正向影响更大，从而导致

不同地区居民收入差距的拉大（Forman et al.，2012）。

从笔者检索到的国内文献来看，与本书直接相关的实证研究包括以下种类。部分学者认为互联网有益于降低收入差距。程名望、张家平（2019）从理论和实证两方面证实了互联网普及对城乡收入差距的影响呈现倒 U 形，其中 2009 年是趋势变化拐点。在 2009 年之前互联网普及会扩大城乡收入差距，而跨过 2009 年互联网普及对城乡收入差距的影响呈现缩小趋势。孔星、吕剑平（2019）从信息不对称视角，分析了互联网普及与甘肃省城乡收入差距之间的关系，发现两者之间存在倒 U 形关系，且当前已经进入了缩小城乡收入差距这一阶段。韩长根、张力（2017）利用我国 2003～2015 年30 个省份的面板数据，考察了互联网普及对中国城乡居民收入分配的影响。研究发现，互联网普及可以缩小城乡收入差距，且对城镇和农村居民收入都是正向影响。有学者将收入细化到工资层面，来探究互联网使用对工资收入不平等的影响。李雅楠、谢倩芸（2017）运用基于 RIF 回归的 FFL 分解方法，发现互联网使用可以抑制工资收入不平等，同时互联网使用收益率下降可以缓解工资收入不平等，这一结论在高工资群体和中等工资群体中表现得更为突出。赵浩鑫等（2019）认为农村互联网的发展会抑制农村居民间的收入不平等，有助于农村减贫。

互联网会扩大不同特征群体以及不同地区人群之间的收入不平等。胡鞍钢（2002）和谈世中（2003）认为互联网发展会通过"数字鸿沟"导致信息资源和知识资源分布的严重不平等，进而扩大贫富差距，且高收入和受教育水平程度较高的群体也更容易接触和使用互联网服务（Pandey et al.，2003）。邱泽奇等（2016）在互联网资本框架下，分析了对红利差异来源和影响红利差异的机制，发现东南沿海等经济发达地区是互联网红利的主要受益者。贺娅萍、徐康宁（2019）根据工作搜寻理论，采用我国 2004～2015 年的省级数据，从理论研究和实证研究两方面发现互联网发展扩大了城乡之间的收入差距，这种扩大效应还受区域经济发展和人力资本水平等因素的影响。也有不少学者专门针对农村群体进行了研究。刘任等（2020）利用再中心化影响函数回归方法，发现互联网发展会扩大农户收入差距，主要原因是不同收入水平农户的互联网使用回报率不同，其中高收入农户的互联网使用回报率明显高于低收入农户。朱秋博等（2022）利用我国农村固定观察点及信息化追踪调研数据，实证发现信息化为较高收入和较高受教育水平农户带来更加明显的增收效应，进一步证实了农村内部的收入差距被拉大了这一事实。还有学者研究了互联网使用与用途对农村居民工资性收入差距的影响，并发现互联网用于工作用途使农村网民工资不平等程度逐年增加（吴彬彬等，2021）。

三、互联网发展对其他方面的影响研究

（一）互联网发展对收入的影响

互联网的普及和广泛使用通过降低信息传递和交易成本、提高生产部门生产效率和工作效率等方式对社会经济发展和居民生产生活产生深刻影响。学者们对互联网如何影响收入已经做了大量研究。以往国外学者们关注计算机使用和工资之间的关系。克鲁格（Kruegger，1993）认为新技术的发现和使用往往关系到信息的获取和处理能力，而这种能力有助于推行新技术。因此，技术快速变革与技能回报率之间存在一定关系。他运用美国人口普查数据，发现计算机的使用可以显著正向影响工资收入，即使用计算机的个体比不使用计算机的个体工资高10%~15%。也有学者通过对澳大利亚人口调查数据进行分析，发现计算机的使用帮助个人收入增加12%~16%（Miller and Mulvey，1997）。此外，使用计算机可以带来工资溢价（Pabilonia and Zoghi，2005）。随着互联网的不断发展，学者们对互联网发展如何影响收入的讨论主要集中在宏观和微观两个层面。从宏观层面上看，互联网发展可以帮助普通人赚更多的钱，主要是由于互联网的普及加快了社会生活中信息传递和更新的速度，进而增加了个人取得更多收入的机会（Allen，2006）。互联网的普及通过加剧竞争降低了生产者剩余，有助于帮助居民提高可支配收入（Savrul and Kılıç，2011）。互联网发展还可以正向影响收入，同时对于人口数量大、教育水平高、收入和信息技术使用强度大的地区影响更大（Forman et al.，2012）。技术进步会导致工资出现极化现象，对不同技能劳动者的工资水平所产生的影响不同，其中，技术进步促进了高技能和低技能劳动者的工资水平，降低了中技能劳动者的工资水平（David and Dorn，2013）。有学者对西班牙的数据进行研究，发现接通网络宽带可以提高非都市群地区郡县的收入，在加入控制变量之后，网络宽带

的使用依然可以正向影响郡县居民收入，特别对中等收入家庭影响更突出（Whitacre et al.，2014）。互联网扩散如何影响偏远农村居民和商业，发现互联网基础设施建设可以加速农村地区的信息传播速度，进而正向影响居民收入（Philip et al.，2017）。

国外学者从微观层面研究时发现，互联网可以促进收入增长，同时在群体之间存在差异。从微观层面上看，欣德曼（Hindman，2000）通过美国CPS数据发现个体使用互联网会影响其就业和收入，戈斯和菲利浦（Goss and Phillips，2002）也得出了类似结论，同时还测算出了互联网会给使用者带来13.5%的额外收益。使用互联网可以为农村地区的居民带来额外收入，希望互联网普及给农村地区工作岗位创造的作用得到重视（Heilig，2003）。在美国，工作中使用互联网的个体比未使用互联网的个体工资更高，具体来说，可以提高个体约8%的工资水平（Lee and Kim，2004）。互联网的使用确实为个体带来工资的提高，分互联网使用类型看，在家里使用互联网和在工作中使用互联网均存在这种工资溢价（DiMaggio and Bonikowski，2008）。有学者研究了互联网求职如何影响个体工资，发现互联网的接入是个体能够利用互联网进行求职的关键因素（Shahiri and Osman，2015）。互联网使用之所以可以促进个体收入增加，是因为互联网为个体提供了更多、更灵活的就业机会。互联网的普及可以让个体更好地利用工作外的时间，使收入增加变得可能（Shelby and Press，2016）。虽然在经济危机时期收入会减少，但是互联网发展依然有助于贫困人口提高收入（Oikonomakou et al.，2017）。

国内对互联网发展和收入之间关系的研究得出的结论基本与国外研究一致，皆认为互联网的普及可以促进工资收入的提高。在宏观层面上，纪倩（2018）利用中国西部地区经济社会发展综合调查（2015）数据，发现互联网的应用能够促进家庭收入，与未接入互联网的家庭相比，接入了互联网的家庭年收入水平略高一些。高爽（2019）通过对2003~2016年31个省份的省级面板数据进行分析，发现互联网与企业家精神进行融合后有助于城乡居民提高收入。金晓彤、路越（2022）把"宽带中国"示范城市建设作为一项准自然实验，得到互联网基础设施建设可以提高农村居民人均收入的结论，同时还发现创业型经济发展是其中的作用机制。在微观层面上，大多数学者考察了互联网与中国居民收入之间的关系，结果发现，从整体上看互联网正向促进收入，具体对不同群体的影响存在异质性。卜茂亮、罗华江和周耿（2011）运用 2008 年 CFPS 数据，研究表明使用互联网可以增加 60% 的收入，分非农村和农村来看，可以为非农村地区带来 38% 的额外收入，为农村地区带来 78% 的额外收入。刘志龙、靳文杰（2015）利用 2010 年 CFPS 数据，发现使用互联网可以显著提高居民收入，相较于城市居民，农村居民的收入提升效果更明显。谭燕芝、李云仲和胡万俊（2017）利用 2014 年 CFPS 数据，研究显示，使用互联网可以使个人收入提高 14%。蒋琪等（2018）采用 2010 年和 2014 年 CFPS 的面板数据，发现互联网使居民收入增加了 23.99%，对中年人、农村居民、受过高等教育群体的影响作用相对较大。少部分学者专门考察了互联网对农村地区居民收入的影响作用。周冬（2016）发现在农村地区发展互联网可以通过促进非农就业从而帮助其增加非农收入，从而丰富其收入来源。马俊龙、宁光杰（2017）发现互联网主要是通过提高劳动者社会资本、减少家务劳动时间这两个渠道影响劳动者的非农就业和工资获得。刘晓倩、韩青（2018）利用 CFPS 数据通过计量模型估计了互联网如何影响农村居民收入，最终发现，互联网使用对农村居民收入有促进作用，同时对不同来源的收入均有促进作用。杨柠泽、周静（2019）通过 CGSS 数据估计显示，互联网使用有助于提升农民非农收入，并测算出互联网使用可以为农民带来 41.2% ~ 51.1% 的非农收入。王元超（2019）利用数据分析发现，使用互联网可以帮助个体提高工资收入，还认为互联网是通过技术效应和资本效应两方面的路径来实现工资提升。曹景林、姜甜（2020）通过研究互联网使用对女性收入的影响，发现互联网使用确实提高了女性收入，将女性分为已生育和未生育群体之后，发现互联网使用对未生育女性的收入影响更大。也有学者从计算机、智能手机和宽带覆盖的可及性和使用性角度出发发现数字鸿沟会负向影响收入，此结果对分项收入同样成立，此外这种负向影响对低收入家庭群体的影响更大（尹志超等，2021）。

（二）互联网发展对就业的影响

1. 宏观层面

技术进步导致人类劳动是否被取代的话题早在 18 世纪后期工业化开始即出现，随着传统信息技术正不断向新信息技术领域拓展，众多学者都在持续而深入地研究互联网发展与就业总量相关问题。部分学者认为互联网对就业产生替代效应，在替代效应的作用下就业数量受到抑制。许多新技术对就业具有破坏性，可能会导致结构性失业，即技术进步所创造的新需求无法对冲失业。技术进步对就业替代效应的产生机制主要包括生产率提高、旧产品退出市场、资本要素成本降低。生产率提高和旧产品退出市场使企业对劳动力的需求降低，而资本要素成本降低则使资本对劳动的替代增加，两者作用的结果最终使就业人数下降。部分学者发现技术进步通过创造效应创造出新工作和新岗位，对就业产生正向影响（Cortes et al.，2017；Graetz and Michaels，2017）。部分学者认为技术进步通过替代效应和创造效应机制对就业总量产生影响，最终影响结果尚存争议。以互联网为代表的技术进步究竟对就业总量产生何种影响，取决于替代效应和创造效应的大小。若创造效应大于替代效应，则就业总量增加（Autor and Salomons，2018）；若替代效应大于创造效应，则就业总量减少（Dekker et al.，2017）；若替代效应与创造效应持平，则就业总量不变（Graetz and Michaels，2018）。

近年来，技术进步使就业结构发生巨大变化。尽管当前学界对于技术创新如何影响就业总量存在争议，然而对于技术影响就业结构[①]存在异质性却达成共识。在劳动力市场分割理论中，劳动力市场被分成若干个不同的子市场（Perry，2007），并从结构和制度的角度分析和解释就业、失业以及收入差距问题。二元劳动力市场理论和内外部劳动力市场是劳动力市场分割理论重要组成部分，其中二元劳动力市场理论认为劳动力市场被分割成一级劳动市场和二级劳动市场两部分，其中一级市场工资待遇高、工作环境好、就业稳定，二级市场则与之相反，且劳动力难以在两个市场之间自由流动。该理论认为工作技能差异会影响劳动力在不同市场之间的流动，特别会阻碍劳动力从二级市场向一级市场流动。自21世纪以来，在以互联网为代表的信息技术不断普及的背景下，以人工智能、大数据、云计算、5G技术等数字经济为代表的新信息技术正在大力发展，劳动力市场出现极

---

① 就业结构具体由就业者的内在条件和外在条件结合而成。内在条件包括劳动力自身的年龄、性别和知识技能水平；外在条件包括经济社会发展及其提供的就业机会与就业场所。就业结构包括产业结构、区域结构、年龄结构、职业结构、就业形式等方面内容。

化现象。劳动力市场正在进行前所未有的转型，具体体现在就业岗位的结构性变化上，比如工作类型、技能种类、职业类型等，具体从以下三方面进行展开论述。一是对不同劳动力群体的就业影响。自 20 世纪 80 年代后期开始，学者们纷纷发现技术创新会带来就业结构极化现象（Katz and Margo，2014；Autor，2006）。数字化技术对工作具有替代性和创造性两种影响，高技能劳动力可以通过从事新工作来抵消数字技术对劳动力的取代，而低技能就业则更趋向于失业（Fossen and Proceedings，2018）。二是对不同产业和行业的就业影响。互联网发展在生产和消费等领域不断加强渗透，通过提高劳动生产率、有效降低劳动成本等方式促进产业区域转移，进而推动产业转型升级。随着以互联网为代表的信息技术的发展，常规且可程序化的工作岗位更容易被信息技术替代，而具有灵活性、创造性、复杂性等非常规且难以程序化的工作岗位则不容易被信息技术替代，相反还可能创造出更多的新工作岗位。三是就业的年龄结构、职业结构和就业的具体形式将发生改变。奥特尔和多恩（Autor and Dorn，2009）认为数字技术对于就业市场的影响逐渐增强。数字技术打破了原本对劳动力产生的时间和空间壁垒，使劳动力从年龄结构、职业结构和就业形式等多方面发生改变。数字技术改善了劳动力的健康资本，即提高了劳动力的平均年龄。数字技术有望使人类的生活方式向更加积极和健康的方向转变，具体是通过打破时间和空间限制、进行信息化的数据采集和管理等手段来实现。

在技术进步如何影响就业总量这一问题上，目前部分国内学者认为我国技术进步呈现资本偏向，对劳动就业具有替代作用，降低就业总量（王光栋，2014；韩民春，2019）；也有部分学者认为技术进步资本偏向使得资本积累加速，带来产出规模效应，从而创造更多就业岗位（王君等，2017；杜传忠、许冰，2018；谢璐等，2019）。总体来说，技术进步对就业总量带来的影响效应包括创造效应和创造性破坏效应。

2. 微观层面

互联网使用可以减少个人搜寻工作的时间。使用互联网可以帮助个人减少求职时间，使用互联网比不使用互联网的个人求职时间缩短近 50%（Beard et al.，2012）。互联网的外部性有助于求职者得以更加便捷地获取工作机会。互联网通过加速信息流通和信息交流，降低劳动力市场的信息搜寻成本，以更好地匹配雇主和求职者，增加了雇主招人以及求职者的命中率（Kuhn and Skuterud，2004；Kuhn and Mansour，2014）。此外，互联网还能够帮助个人拓宽社会网络，获得更多的就业信息，接触和接受一些时间和地点更加灵活的就业工作机会（Dimaggio and Bonikowski，2008）。互联网可以显著降低搜寻成本，同时有助于已婚妇女参与就业并帮助受过高等教育的妇女平衡家庭和工作（Dettling，2013）。国内也有不少学者对互联网普及和就业之间的关系展开了研究。部分学者从地区、企业和行业等宏观和中观层面来分析互联网发展和就业之间的关系。崔兆财、周向红（2020）发现只有当互联网普及程度超过一定阈值，互联网才会促进就业，即互联网普及率对就业的影响存在门槛效应。徐梦冉等（2021）利用企业和行业两个层面的数据发现，总体而言，互联网不利于制造业企业及制造业行业的就业增长。学者们还从微观层面上探讨了互联网与就业之间的关系。杨蕙馨、李春梅（2013）研究发现，使用互联网有助于提升劳动者的工作效率，从而为其带来稳定的工作。毛宇飞、曾湘泉（2017）通过 CGSS 数据检验了互联网对女性就业的关系，发现互联网对整体女性就业具有促进作用，特别是对非自雇就业的促进作用更加明显。学者们对互联网如何影响农村居民非农就业展开了广泛研究，结果均显示互联网有助于其非农就业的提高，其中赵羚雅、向运华（2019）测算发现使用互联网让农村居民的非农就业概率提高了49.3%，张卫东等（2021）还发现互联网的普及对农村居民的非自雇型就业促进作用更加明显。潘明明等（2021）更为细致地发现互联网使用会促进农村妇女的非农就业。李卓、封立涛（2021）通过实证研究发现光纤规模可以促进农村非农就业，还发现光纤规模对个体农村非农就业的促进作用具有门槛效应。也有学者分析了互联网对残疾群体就业作用的影响和相关机制。王晓峰、赵腾腾（2021）通过数据分析发现互联网的普及会扩大残疾人就业差异，同时还发现互联网通过对职业的变革、帮助其更好地利用家庭禀赋等途径来促进残疾人就业。

互联网发展对创业也产生影响，而创业是就业的一种具体形式。互联网发展重塑经济社会形态，其中也包括创业环境。互联网改变了信息传播方式，让信息传播变得更快捷，同时加快了信息传播速度，让信息传播成本下降。互联网通过网络效应，为创业者扩大市场范围，让创业者参与更多的创业活动，从而提高创业预期收益。在早期研究中，学者们通过实证分析发现互联网发展对地区创业活动具有显著正向影响。信息技术既可以促进创业活动，又能积极正向影响创业绩效（Janson and Wrycza，1999）。还有学者通过对1998~2002年美国社区层面数据分析发现，使用互联网的社区的企业数量增长速度明显快于没有使用互联网的社区（Lehr et al.，2006）。有学者利用加拿大阿尔伯塔省数据进行研究，发现使用互联网的社区有更多的创业活动（Cumming and Johan，2010），与此同时，还发现通信基础设施也能促进创业活动（Audretsch et al.，2015）。

总体来说，学者们纷纷证实了互联网对个体创业活动带来显著正向的影响，结果显示使用互联网不仅能够显著影响个人创业活动，还有助于家庭创业活动（史晋川、王维维，2017；周广肃、樊纲，2018）。部分学者针对农村居民展开了更为细致的研究，研究均发现互联网对农民个人及其家庭创业有正向显著影响，即互联网可以促进农村居民的创业意愿（周洋、华语音，2017；赵羚雅，2019）。刘汉辉等（2019）还进一步发现互联网使用有助于提升女性创业者的创业概率。苏岚岚、孔荣（2020）发现互联网使用有助于提升农村居民的创业绩效。

（三）互联网发展对人力资本积累的影响

美国经济学家舒尔茨认为人力资本对经济增长至关重要，此后美国经济学家贝克尔把经济理论拓展到对人的研究。具体来说，人力资本包括在健康、教育、培训和工作经历等领域的投资（Bodenhofer，1967）。已有文献大多从健康和就业角度讨论了互联网对人力资本积累的影响。有关互联网与健康的相关文献包括：部分学者认为互联网通过加强人与人之间的交流和信息获取，降低抑郁的可能性，正向影响健康水平。使用互联网能够改善老年人之间的社交沟通，削弱孤独感（Mellor et al.，2008）。也有学者利用美国2002~2008年的健康与退休调查数据，发现使用互联网让退休老年人的心理更加健康，令其抑郁的可能性降低了1/3（Cotten et al.，2014）。汪连杰（2018）利用2013年CGSS数据发现使用互联网可以提升老年人的身心健康，并证实了闲暇时使用互联网和闲暇活动偏好是互联网影响老年人的身心健康的作用渠道。杨克文、何欢（2020）利用2016年CLDS数据，发现互联网使用可以正向影响居民健康。徐延辉、赖东鹏（2021）研究发现，使用互联网可以促进居民健康水平的提高，同时还发现风险感知对居民健康水平带来负向影响。另一部分学者则认为互联网在丰富了居民娱乐生活的同时，也使人沉迷其中导致健康受损（Azher et al.，2014；Sami et al.，2018；Kitazawa et al.，2018）。此外，互联网通过产生社会孤立，加剧了个体感受到的孤独感，进而损害其健康水平（Stepanikova et al.，2010）。

（四）互联网发展对经济增长的影响

不少学者对互联网如何促进经济增长做了大量研究，主要是从理论和实证两方面来进行研究的。多数研究肯定了互联网对经济增长具有积极促进的作用。比如，有学者发现互联网发展既可以加强区域之间的经济联系，又能促进地区内的私人投资，进而有利于经济增长（Cumming and Johan，2007）。作为信息通信技术的代表，互联网对区域经济发展以及加强区域往来起到非常重要的作用。不少学者认为互联网除了对经济发展起到重要作用，在降低交易成本方面也起着日益增加的作用。具体来说，互联网通过降低交易成本，实现经济增长（Song and Wang，2012）。有学者发现互联网可以通过节约交易成本和提高生产率促进经济增长。互联网主要是从以下几个方面实现经济增长：一是互联网加速创新，通过加速产品研发创新；二是互联网的使用降低了产品生产、研发和经营的成本；三是互联网的使用降低了企业生产和运营成本，同时还增加了企业获取外部信息的渠道，从而减少企业内部沟通成本，即减少信息不对称（Litan et al.，2001）。比如，通过减少金融交易成本促进 GDP 增长（Barro，1991）；谢平、邹传伟（2012）发现互联网发展有助于降低市场中的交易成本，还能够提高社会的资源配置效率，这两点解释了互联网促进经济发展的原因。张㷱（2018）在解释互联网经济缘何"领跑全球"时认为，互联网首先降低了社会信息交易成本，通过赋能传统经济，让传统经济通过降低成本走向规模经济，进而实现互联网引领全球经济，即实现互联网引领经济发展。学者进一步发现互联网改变了经济社会资源配置。邢娟红（2018）认为作为推动经济发展的重要动力，互联网在产业融合和结构优化方面起着积极作用。杨秀云等（2019）认为互联网融入实体经济，主要是通过创造自身价值、创新市场组织、改变市场主体行为和重塑生产方式等方式，形成经济网络并创造经济价值。

学者们通过实证分析，也发现互联网有助于经济增长。有学者通过对207 个国家从 1991～2000 年的面板数据展开研究，发现互联网对经济增长所起的作用很大且不容忽视（Choi et al., 2009）。无论哪个国家处于什么样的发展阶段，互联网对企业发展都有促进的作用，可以提升企业的生产率同时产生积极效应（Paunov and Rollo, 2015）。虽然互联网的发展可以促进经济增长，但是对不同发展程度的国家经济发展的影响存在异质性，互联网发展对于高收入国家经济增长的促进作用明显大于互联网对于中低收入国家经济增长的促进作用（Niebel, 2018）。互联网发展会通过影响用电量进而促进各行各业的发展（Solarin et al., 2021）。然而，也有学者认为互联网发展对于发达国家的经济增长贡献有限，可能原因是信息通信技术对不同区域间的影响存在差异。互联网发展会阻碍经济增长，体现在会扩大原有地区之间的发展差距，同时这种作用在贫富差距较大的国家中体现得更加明显（Noh et al., 2008）。多数研究认为互联网发展有助于经济增长，并通过数据测算汇报了互联网发展对经济增长的贡献率。张越、李琪（2008）发现互联网普及率每增加1%，经济增长能够增加0.17%；宽带端口数增加1%，经济增长能够增加0.09%。刘姿均、陈文俊（2017）认为互联网普及率每增加一个百分点，实际人均GDP提高0.742个百分点。学者们还关注到互联网对经济增长的作用存在门槛效应和结构效应。韩宝国、朱平芳（2014）发现互联网对经济增长的促进作用存在门槛效应，在宽带网络的渗透率达10%时，人均GDP年增长率会随着网络发展而增加。邱海洋、胡振虎（2019）还发现想要农业创业活动促进农业经济发展，宽带网络的渗透率需超过33.14%。张家平等（2018）认为互联网对经济增长的溢出具有门槛效应，创新水平越高，互联网对经济增长的溢出效应更强。叶初升、任兆柯（2018）利用2002～2014年地级市层面的面板数据，发现互联网对经济增长的促进作用存在结构效应，即互联网对经济增长的促进作用在服务业体现得更加明显，促进产业结构向服务业转型。

互联网发展对经济增长的影响包括直接和间接两个方面，间接影响具体包括对金融发展和对对外贸易的影响。

对金融发展的影响。互联网和金融都会影响经济增长，还认为金融可能是互联网发展影响经济增长的渠道。区别于传统金融，在互联网背景下催生出的数字金融迸发出强大的力量，即互联网与金融进行了融合（Salahuddin and Gow, 2016）。多数学者研究均证实了互联网对金融发展具有良性的促进作用。王春峰、翟捷（2001）认为发展信息技术可以减少信息不对称性，帮助投资者识别风险，提升其项目选择和实施监控能力，进而有助于提高金融市场效率。马九杰、薛丹琦（2012）研究发现发展信息通信技术有助于发展普惠金融，由于其自身具备降低交易成本、缓解信息不对称以及提高决策效率的优点，因此为欠发达地区居民享受到金融服务提供了外部基础（焦瑾璞，2014）。李继尊（2015）认为，互联网和电子商务的迅速发展有助于互联网金融的兴起，具有成本低、效率高的优势，同时还拥有强大的缓解信息不对称功能。张勋等（2019）在研究数字经济、普惠金融与包容性增长问题时指出，得益于互联网的发展，我国数字金融经历了快速发展阶段，大大提升了普惠金融的可及性与便利性。夏平凡、何启志（2019）认为互联网普及通过技术创新和增加金融覆盖面，促进了数字普惠金融和经济增长。孙英杰、林春（2019）发现在提升金融资源配置效率方面，互联网起到积极促进作用。通过提升金融资源配置效率，进一步提升金融资源服务实体经济。

对对外贸易的影响。相较于发达国家，互联网发展对发展中国家对外贸易具有更强的促进作用（Freund et al.，2004）。有研究发现互联网普及程度越高，国家出口贸易量越大（Clarke and Wallsten，2006），同时国家进出口总额也越大（Meijers，2014）。互联网普及率每增加10%，进出口总额占GDP比重增加3.9%，这种对进出口总额的影响作用存在异质性，与高收入国家相比，互联网普及对中低收入国家贸易的正向促进作用更强。互联网促进贸易增长的真正原因在于人们对互联网的使用情况而非互联网设施建设（Liu and Nath，2013）。国内学者在研究互联网对出口贸易的影响时发现，互联网有助于我国出口贸易水平的提高（冯萍、刘建江，2010），岳云嵩、李兵和李柔（2017）分析了互联网影响中国工业企业出口的影响和作用机制，证实了互联网可以促进企业出口。在互联网如何影响进口贸易方面，杨恺钧、褚天威（2016）发现互联网促进周边进口贸易，然而对当地进口贸易产生明显抑制作用。

（五）互联网发展对社会保障的影响研究

社会保障制度是国家或地区通过立法对国民收入进行分配和再分配手段，可以对社会成员特别是生活有特殊困难群体的基本生活权利给予保障（张文等，2013）。随着互联网的发展，以"互联网+"为背景的社会保障顺应了当代社会发展的要求，成为社会保障发展的新趋势。学者们普遍认为广泛应用以互联网为代表的信息技术可以推动社会保障事业的发展，提升社会保障的公共服务水平，让社会保障体系发挥出应有的效益，促进我国居民整体社会福利水平的提高。任燕妮、李录堂（2016）认为互联网对社会保障工作的影响日渐明显，主要体现在提升社会保障数据支持、提高社会保障工作效率、提供社会保障方向人才支持等方面。严新明、童星（2016）认为互联网发展将人力、物资和信息连接起来，社会保障则是将国民连接起来，共同分享利益和分担风险，两者在"连接"上面有相通之处。随着劳动力在城市之间以及城乡之间加速流动，社会保障工作也迎来了新的挑战，而互联网发展有助于构建完善便捷的社会保障服务体系。江小涓（2018）认为互联网的发展和广泛渗透既有助于政府提高公共服务水平和效率，又能为公众提供差异化、个性化的公共服务需求。郭世英、白维军（2019）认为互联网、大数据等技术手段有助于社会保障信息化便民服务，主要体现在以下三个方面：一是帮助参保者及时准确了解每项社保政策和参考状态，二是帮助政府提供公开、透明和高效的服务，三是提升社会保障相关群体的专业素养。

四、文献评述

从已有研究来看，有不少学者实证研究了互联网对收入的影响，主要是劳动者收入，其中包括工资收入和非工资收入。在互联网发展如何影响居民收入水平的研究中，学者们达成了一致观点，认为使用互联网发展促进了居民收入水平的提高，且对不同群体的收入影响具有异质性（Krueger，1993；Dimaggio et al.，2008；谭燕芝等，2017；蒋琪，2018），李雅楠（2017）和程名望（2019）认为在互联网作用下城乡之间的要素流动性增加，有助于农民增收并加速农村经济发展。刘晓倩等（2016）和刘生龙等（2021）用不同数据和模型发现，互联网的普及有助于提高农村居民收入，同时对青年群体、受教育水平高的群体收入提升效果更强。居民收入增加并不意味着居民收入差距缩小，在经济进入新常态背景下，如何缓解居民之间的收入差距是当前学界关注的重点内容之一。然而在已有文献中，在微观层面上针对互联网使用对居民收入不平等影响的实证研究文献并不多。对收入不平等影响因素实证研究相关的文献进行梳理后发现，宏观层面上收入差距的影响因素主要包括经济因素、政策因素和其他因素，在微观层面上，收入不平等的影响因素体现在个体特征、家庭特征和其他特征三个方面。将互联网作为收入不平等影响因素展开深入和细致研究的文章相对匮乏。已有研究较少从宏观和微观双重视角下开展深入研究和分析。在探究互联网发展如何影响居民收入差距和收入不平等时，以往文献多从宏观层面探究了互联网普及程度对收入差距的影响，部分文章从微观角度讨论居民个体收入不平等问题时，较少对收入类型进行细分，也并未探究哪些类型的收入不平等比例较大、其中的作用机理又是什么，且现有文献对农村群体的关注较少。

综上，虽然已有文献对互联网发展如何影响收入差距展开了初步的实证研究，但至少存在以下四点不足。

第一，在探讨互联网使用对工资收入的影响的文章中，虽然提到了互联网可以缓解工资收入差距，但是并未对其机制展开详细讨论。此外，除了工资收入外，收入还包括经营性收入、财产性收入和转移性收入，仅讨论工资性收入稍显不够全面。在实证部分，本书专门用一节内容来探讨互联网对农村居民分项收入差距的影响，找出对农村居民收入差距影响作用占比较大的收入类型，更为细致地对互联网发展如何影响收入差距展开了深入探讨。

第二，以往研究往往单独从宏观层面研究互联网普及程度对收入差距的影响或者仅仅从微观层面研究互联网使用对收入不平等的影响，缺乏从宏观和微观相结合的研究。本书将其宏微观因素合并纳入进模型中，实证检验了互联网发展对农村居民收入差距的影响机制，证实了影响机制的可行性和有效性，为提出更为细致的建议提供依据，从而对已有相关研究进行补充和拓展。

第三，互联网发展影响农村居民收入差距的程度、机制、异质性等尚未被充分证实，细致地探讨互联网发展如何影响占比较大的分项收入差距，有助于更深入地了解细致地识别互联网使用如何影响居民收入不平等这一过程。

第四，已有研究多数未进行内生性处理或是简单用互联网普及率的滞后变量作为工具变量，互联网普及率的滞后一期不能很好地满足工具变量外生性和相关性的要求，估计结果会存在偏误。本书尝试进一步识别互联网和收入差距之间的因果关系，采用"县区是否有国'八纵八横'干线通过"这一工具变量来克服潜在的内生性问题，以尽量减少估计偏误。

本章小结

本章首先界定了研究问题的相关概念，主要包括互联网的概念和互联网发展水平的测度以及收入差距的概念和测度。其次，对收入差距的影响因素进行了梳理，并对互联网发展与收入差距之间关系的国内外研究进行归纳，最后进行了述评。下面对相关文献结论进行总结。

目前国内外关于互联网发展和收入差距之间的讨论，主要集中在影响本身。关于互联网发展对收入差距的影响仍存在不一致的观点，有研究认为互联网发展可以缩小收入差距，通过信息效应和技术效应，主要表现在互联网发展减少了信息不对称，减少了劳动者获取信息的时间，在技术层面上则提高了劳动者工作效率，从而有助于收入增加，缩小收入差距。也有研究发现互联网发展会扩大收入差距，主要体现在互联网作为一项信息技术，它对居民带来的直接效应和间接效应具有异质性，即对高技能劳动者产生更强的信息效应和技术效应，而对低技能劳动者产生相对较弱的直接效应和间接效应，由此产生收入差异，即收入差距。居民收入增加并不意味着居民收入差距缩小，在经济进入新常态背景下，如何缩小居民之间的收入差距是当前学界关注的重点内容之一。

对已有文献进行梳理后发现，在宏观层面上收入差距的影响因素主要包括经济因素、政策因素和其他因素，在微观层面上，收入差距的影响因素体现在个体特征、家庭特征和其他特征三个方面。将互联网发展作为收入差距影响因素的实证研究较为匮乏。目前已有的研究大都使用互联网普及率的滞后项作为工具变量，但内生解释变量与其滞后变量相关，此外，由于滞后变量已经发生，可能存在双向因果关系，即较难同时满足相关性与外生性。

第二章

互联网与收入差距：理论基础与研究设计

本章将探析互联网对收入差距影响的理论框架，以期为本书后续的相关实证分析和政策建议提供充分且合理的理论支持。本章包括两个部分：首先，介绍互联网影响农村居民收入差距的相关理论模型，探究这一问题背后的经济学理论基础；其次，构建互联网影响农村居民收入差距的研究设计，一方面从理论层面分析互联网发展对农村居民收入差距的影响，另一方面进一步解释互联网发展影响农村居民收入差距的机制分析，解释互联网发展影响农村居民收入差距的路径。

第一节 相关理论回顾

一、技能偏向理论

英国经济学家希克斯在《工资理论》中提出了技术进步偏向的思想，他认为技术进步会对不同价格的生产要素选择不同，随着生产要素价格的变化，技术进步会偏向于价格较低的生产要素。然而早期对技术进步偏向的概念描述并不清晰，未能研究主体的决策活动，缺乏微观基础（Nordhaus，1973）。随后美国经济学家阿西莫格鲁（Acemoglu，2002）填补了微观基础缺失这一空白，首次提供了偏向性技术进步的微观理论框架，深入剖析了偏向性技术进步对收入差距的影响。具体内容包括：当技术进步时，相较于低技能劳动力，高技能劳动力可以更好地适应信息技术，使企业对技能劳动力的需求增加，进而增加技能劳动者的收入和就业（Katz and Murphy，1992；Krueger，1993）。此后，大量研究使用技能偏向理论来解释技能溢价和不同群体的收入不平等现象。为了探究美国20世纪70年代出现的工资不平等上升的原因，对技术进步偏向的定义进行了改变，将其应用到高技能劳动和低技能劳动的生产要素中（Acemoglu，2002）。与希克斯关心技术进步在资本要素和劳动要素这两个传统生产要素之间的偏向不同，阿西莫格鲁考虑的是技术进步在高技能劳动力和低技能劳动力之间的偏向，他在设定生产函数时仅包含高技能劳动和低技能劳动，并未将资本考虑在内，本书遵循此 CES 生产函数设定。

（一）模型分析

下面将详细介绍偏向性技术进步的微观理论框架。

将生产函数设定为如下 CES 形式：

$$Y = \left[\lambda \left(A_H H \right)^{\frac{\sigma-1}{\sigma}} + （1-\lambda）\left(A_L L \right)^{\frac{\sigma-1}{\sigma}} \right] \qquad (2-1)$$

式（2-1）中的 A_H 和 A_L 分别代表高技能增进型技术进步和低技能增进型技术进步，σ 代表高技能和低技能这两种要素之间的替代弹性，λ 代表高技能这一生产要素在生产函数中得到要素投入份额，（$1-\lambda$）代表低技能这一生产要素在生产函数中得到要素投入份额。相对于要素 H，如果技术进步使要素 L 的边际产出增加，技术进步就是偏向于 L 的。若 $\sigma < 1$，高技能和低技能这两种要素之间是互补关系，若 $\sigma > 1$，高技能和低技能这两种要素之间是替代关系。

在竞争激烈的劳动力市场上，高技能工资是：

$$\omega_H = \frac{\partial Y}{\partial H} = A_h^\rho \left[A_l^\rho \left(H/L \right)^{-\rho} + A_h^\rho \right]^{\frac{1-\rho}{\rho}} \qquad (2-2)$$

技能溢价是高技能劳动 H 和低技能劳动 L 的边际产出之比，具体技能溢价 ω 为：

$$\omega = \frac{MP_H}{MP_L} = \frac{1-\lambda}{\lambda} \left(\frac{A_H}{A_L} \right)^{\frac{\sigma-1}{\sigma}} \left(\frac{H}{L} \right)^{-\frac{1}{\sigma}} \qquad (2-3)$$

式（2-3）中 $\sigma = 1 + (\varepsilon - 1)\beta$ 是高技能和低技能工人的替代弹性，当替代弹性等于1，生产函数趋近于柯布-道格拉斯函数，高技能增进型技术进步为中性技术进步，即高技能增强型技术进步不会偏向某一种生产要素；当替代弹性大于1，高技能和低技能这两种要素之间是替代关系，高技能增进型技术进步为高技能偏向型技术进步，此时技术进步偏向于高技能工人。在考虑技术溢出的条件下，技术进步更容易呈现出偏向高技能工人。因此，高技能工人相对需求增加，高技能工人相对工资增加，技能溢价上升，高技能工人和低技能工人之间的收入不平等加剧。有研究得出的结论是 $\sigma > 1$，即高技能劳动与低技能劳动之间是替代关系（Katz and Murphy，1992）。多数学者认为互联网技术是一种典型的技能偏向性技术进步，互联网的技能偏向效应是指技术的采用对高技能劳动者与低技能劳动者的就业产生不同的影响，导致不同技能劳动者之间产生技能溢价。信息技术是高技能偏向性的，随着信息技术的发展和普及，提高了对高技能劳动者的需求，技能劳动者和非技能劳动者之间的收入差距呈现扩大趋势。技术进步偏向理论为技术进步影响收入差距提供了有力的理论支持，技术的采用对高技能劳动者与低技能劳动者的就业产生不同的影响，导致不同技能劳动者之间产生技能溢价。偏向技能的变化理论意味着受过高等教育的劳动者更有可能从新技术中获益。

（二）高技能和低技能的相对供给与相对价格的关系

综上，高技能和低技能相对供给和其相对价格的关系如图2-1所示。

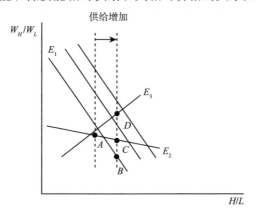

图 2-1　高技能和低技能相对供给和其相对价格的关系

如图 2-1 所示，E_1 代表在式（2-3）所示的技术外生情况下，高技能劳动 H 和低技能劳动 L 要素相对供给与其相对价格之间的变动关系。当 H 要素的相对供给增加时，E_1 表现出从 A 移动到 B，H 要素的相对价格降低；E_2 代表技术进步向低技能劳动 L 偏向的条件下，要素相对供给与其相对价格之间的变动关系，E_2 表现出从 A 移动到 C，此时 H 要素相对供给的增加仍将使其相对价格降低，但下降幅度小于技术外生时的水平；E_3 代表技术进步向高技能劳动 H 偏向的条件下，要素相对供给与其相对价格之间的关系，E_3 表现出从 A 移动到 D，此时高技能劳动 H 要素相对供给的增加将提高其相对价格。通过上述对高技能和低技能相对供给和其相对价格关系的分析，可以看出当技术进步向高技能劳动 H 偏向的条件下，高技能劳动 H 要素相对供给的增加将提高其相对价格，即在规模经济作用下，随着高技能劳动者供给量增加，研发部门技术创新进程加速，而技术的开发和使用又会进一步促进劳动力市场对高技能劳动者的需求，进而出现技能偏向型的技术进步，促使高技能劳动者的工资水平不断上升。与此同时，低技能劳动者工资水平的上升速度没有高技能劳动者快或者低技能劳动者工资水平出现下降趋势都可能造成不同技能劳动者之间产生收入差距，收入差距是扩大还是缩小则取决于低技能劳动者是否能够获得更大的边际收益。基于上述分析，我们可以发现，以互联网为代表的信息技术对农村居民收入差距的影响并没有一个固定的方向，其影响方向和效果与高技能劳动者和低技能劳动者各自的收入相关。

理论上，收入差距程度的扩大，必然源于互联网发展对居民收入产生的差异化影响。例如，从收入分布来讲，总体收入差距程度的扩大，可能是由于互联网普及率的提高增大了高收入群体的收入，降低了低收入群体的收入，增大了收入分布的极化程度；也可能是互联网普及率的提高同时提高了高收入群体和低收入群体的收入，但是对前者的收入影响更大，从而扩大了收入差距。为了揭示互联网发展影响收入差距的理论机制，必须考察互联网发展对不同特征农村居民群体收入的影响，对互联网发展的收入效应异质性的考察是探求互联网发展影响收入差距的作用机制的必由路径。

根据技能偏向理论，技术进步可以通过提高高技能劳动力的生产率及其收入。不少研究发现使用互联网对受教育水平高的劳动力影响更大（马俊龙、宁光杰，2017；华昱，2018）。在劳动力市场上，就业极化指的是：高、中技能劳动者的就业和收入上升得更快，低技能劳动者就业和收入上升得相对较慢或者处于停滞状态，那么劳动力市场上呈现出两极分化的特征（Adermon and Gustavsson，2011；Autor et al.，2006）。就业极化的原因在于互联网对高技能型劳动者的工作呈现出互补性，而对于低技能劳动者工作呈现出替代性，从而不利于低技能劳动者就业和获取收入。同时，作为信息传播的媒介，互联网对不同技能劳动者收入的影响不同。由于高技能劳动者往往具备较高的受教育水平、具备更高的信息处理能力和更广的信息获取范围、能够在海量的招聘信息中找到与自身素质相匹配的工作，而低技能劳动者受教育水平较低，信息处理能力不高、获取信息渠道有限、很难快速有效地在劳动力市场上搜索到与自身素质匹配的工作，因而高技能劳动者就业越好且收入上升得较快，而低技能劳动者就业越差且收入上升得较慢甚至下降，形成就业两极分化和扩大收入差距。

二、信息不对称理论

信息不对称理论指的是面对信息公开度有限的情况，人们在从事市场经济活动时，对信息掌握比较充分的人在交易市场上处于主动地位，而缺乏相关信息的人往往处于不利地位。比较常见的情况是卖方因掌握更多的产品信息而在市场中处于有利地位，最终使他们在买卖产品过程中更容易取得收益，相较之下，买方比较容易因信息匮乏而在交易环节中处于不利位置。现实中很多市场现象如股市涨跌、就业与失业问题均能够通过信息不对称理论来解释，该理论已经被广泛应用于房地产、农业、金融业、教育等领域，成为现代信息经济学的核心理论。传统经济学假设经济人拥有完全信息，这显然与现实生活相背离，每个人只掌握不完全信息。每个人掌握不完全信息带来的结果是信息占优方相比信息劣势方可以获取更多收益，无论这些受益是否建立在损害信息劣势方的基础上，都会扩大信息占优方与信息劣势方的收入差距。在信息不对称的作用下，理性经济人为了获取更多信息，就需要投入更多的信息搜寻成本进而加大其成本负担。信息不对称不仅无法带来社会资源配置效率的提高，还会阻碍市场经济和谐有序发展。有学者指出，用户的技能水平和专门知识包括专业知识、经济资源和技术技能，通过使用互联网可以提升他的生活水平的专业性和社会性（Kling，1998）。互联网的发展导致了数字鸿沟，这使得中心城市和偏远农村地区的许多人无法像他们更富裕的邻居那样迅速获得新技术（Norris et al.，2014）。由于我国城乡之间以及各地区之间资源配置不均衡，随着信息化迅速发展，这种资源配置不均衡会造成区域数字鸿沟①问题。长期资源配置不均衡让农村地区相对落后成为常态，农村居民对信息技术水平的接受能力以及应用能力等都与城镇居民存在差距。以往研究更多关注"一级数字鸿沟"问题，即信息技术接入方面的问题，随着经济快速发展和信息基础设施建设不断完善，一级数字鸿沟不断消弭，矛盾点逐渐转化成不同群体和区域层面在使用互联网方面的"二级数字鸿沟"（许庆红，2017）。与城市居民相比，农村居民很难享受到信息化红利，逐渐沦为信息时代的弱势群体。若没有相应的政策扶持，这些农村居民将会逐渐被信息时代所"抛弃"。

互联网有助于改善市场交易中的信息不对称现象，帮助农村居民提高收入。互联网普及通过降低经济主体的事前成本和事后成本，实现总体成本的下降。交易成本包括事前交易成本和事后交易成本两种。事前交易成本包括搜寻信息成本、协商决策成本以及契约成本；事后交易成本可分为监督成本、执行成本以及转换成本。通过对交易成本产生的原因进行剖析，本书认为互联网通过减少市场交易中的信息不对称，交易中买方在交易前能够通过互联网及时了解买卖双方动态，有效沟通掌握有价值的资讯，从而减少投机行为并缓解信任缺失。根据信息不对称理论，农村居民利用互联网与外界进行交流，了解全国各地劳动力市场的供求信息，加速农村劳动力的工作类型由农业工作向非农工作转移，从而为其带来收入水平的提高，即互联网通过扩大劳动力市场，助推农村地区的互联网电商、跨境电商迅猛发展，进而帮助农村居民提高收入。不同特征的农民群体利用互联网的能力不同，导致不同农民群体享受互联网电商、跨境电商所带来的收入也不同，这种收入差异则加大或者缩小了不同群体之间的收入差距。

---

① 经济合作与发展组织（OECD）认为数字鸿沟是不同经济地位的个体、家庭以及区域在接入和利用通信技术以及互联网技术等方面上的差异性。

三、工作搜寻理论

搜寻理论研究始于 20 世纪，斯蒂格勒（Stigler，1962）引入搜寻这一概念，系统且详细地解释了信息不完全是一种经济现象，同时也提到信息生产费用比较昂贵，并用搜寻来分析商品市场价格离散，该理论主要应用在商品市场中，并未在劳动力市场进行研究。在这篇文章发表之后，大量有关劳动力市场搜寻的研究涌现，工作搜寻理论在劳动力市场得到了充分发展和完善，麦考尔（McCall，1965）提出序列搜寻模型，主要是在劳动力市场上分析劳动者搜寻行为，具体是说搜寻者在工作搜寻之前会预设一个自己可以接受的最低工资水平，如果在搜寻时无法找到高于设定的最低工资水平的工作，那么就会持续搜寻至找到与自身偏好和需求相符合的雇主，反之则直接搜寻成功，顺利找到合适的工作机会。序列搜寻模型同样存在局限性，那就是如果搜寻者设定的最低工资水平高于企业能够提供的工资水平，那么搜寻行为不会停止，这显然与现实情况不符。此后，有学者继续对搜寻理论展开进一步研究，认为劳动力市场存在信息不对称的情况，搜寻者对边际成本和边际收益来进行比较，进而决定是否继续工作搜寻行为（Phelps，1970）。随后，又有学者提出了一般均衡模型，在一般均衡模型下，企业为搜寻者提供不同的工资和价格，同时还关注到了搜寻者进行搜寻时花费的时间（Wernerfelt，1988）。基于上述分析，工作搜寻指的是劳动者在劳动力市场上为获取工作机会所做出的行为，同时工作搜寻还是克服劳动力市场的不完备性和不确定性的重要途径。具体来说，雇主和搜寻者之间的信息不对称主要体现在：雇主掌握工作相关信息，搜寻者掌握个人信息，在两者互动性不高的情况下，雇主和求职者都无法及时准确地进行匹配。此种情况下，劳动者必须进行工作搜寻，投入时间和精力成本后才能与雇主成功匹配。搜寻者的搜寻时间存在最优点，在达到最优点之前，搜寻者的工资会随着搜寻时间的增加而提高，当达到最优点时，职业搜寻边际成本等于边际收益，即达到最优搜寻时长。职业搜寻是劳动者就职的必经环节，职业搜寻直接影响人岗匹配和劳动力就业，通过岗位信息搜集与筛选、与用人单位沟通交流最终缔结雇佣关系。虽然职业搜寻理论模型并未讨论搜寻方式的作用，但是优化搜寻渠道有助于搜寻者掌握更多的工作信息且缩小搜索成本，帮助其提高职业搜寻效率。

互联网时代让招聘信息的发布和获取时效性更强，人们对信息发布与获取的速度和精准度的要求与日俱增。因此，使用互联网可以为工作搜寻提供更多便利，劳动者通过使用互联网使得工作搜寻的成本降低，减少雇员与雇主之间信息不对称的程度，提高匹配效率。具体来说，雇主利用互联网发布招聘信息能够扩大就业信息的空间范围，降低其自身的招聘成本，进而缩短工作岗位的空缺时间，有助于其提高生产效率（Kuhn and Mansour，2014）。求职者利用互联网搜寻丰富的招聘信息，降低其自身的求职成本，扩大其求职的职业选择范围，增强劳动者的工作匹配度（Holman，2013）。根据搜寻理论，农村居民会在特定资源、技术和信息约束下决定信息资源搜寻程度，如果信息搜寻成本比较低，农村居民将进行更加充分的信息搜寻，更有可能进行优化资源配置，从而提升收入水平；如果信息搜寻成本比较高，农村居民会限制搜寻行为，在有限信息约束下进行生产和就业等方面决策，阻碍其收入水平的提高。

四、创业理论

创业理论最早起源于 18 世纪，法国经济学家理查德·坎迪伦在《商业性质概论》中首次提到"创业者"，并把这一词语引入经济学研究，学者们开始对创业活动展开研究。学者们从不同角度对创业活动展开了大量研究，前文提到的理查德是风险学派的代表，该学派认为创业是有风险的，创业者按照固定价格买入商品，但是卖出价格却不确定。如果创业者能够洞察市场规律，准确预测商品卖价，做到商品卖出价高过买入价，那么就能获得利润，反之，则存在亏本的风险。正因为创业存在风险，而一个人是否创业就取决于其自身对风险的态度和偏好，所以风险偏好者创业的概率更高（Knight，1921）。

作为改变人们生活和生产方式的一种技术手段，互联网发展对创业活动不可避免地产生了深刻影响。创业环境会影响潜在创业者的经济决策，作为一种技术手段，互联网主要从两方面影响创业环境。一是互联网打破原有均衡，催生出新的创业机会，同时互联网技术的应用也会促进生产率的提高。创业机会产生影响的四种外部因素，包括技术、市场、社会价值观、政府的法规及管制标准（Stevenson and Gumpert，1985）。新技术的产生会打破市场原有的平衡，从而提供大量创业机会，并带来了新的产品、市场、采购渠道、生产流程、销售方式（Shane，2000）。在降低创业成本方面，信息通信技术对生产率产生正向的影响已得到学者证实，使用互联网促进电信运营商企业生产率的增加（Majumdar et al.，2010）。二是互联网发展能够带来丰富且有价值的资源，有助于识别创业机会。首先，从信息资源角度来看，创业者需要各种资源，包括信息资源、社会网络等，互联网发展可为潜在创业者提供与上述资源相关的信息。与传统媒体技术相比，互联网技术在信息传播方面速度更快、准确度和透明度更高。历年来CNNIC 发布的《中国互联网络发展状况统计报告》显示，互联网使用率最高的三大应用是即时通信、网络新闻和搜索引擎，这三类互联网应用方式都是信息获取类的应用方式。由此可见，信息获取是互联网使用的主要方式。由于数字鸿沟的存在，城市地区获取信息往往优先于农村。农村地区发展互联网有助于缩小城乡信息鸿沟。农村居民应用互联网随时掌握国家政策和市场行情，学习创业有关知识和技能，有助于识别创业机会。其次，从社会网络角度来看，一是社会网络有助于创业者规避风险。在农村地区，社会网络往往承担着非正规保障的功能；二是社会网络可以缓解信贷约束。社会网络增加了农村居民获得正规金融借贷和民间借贷的可能性。综上所述，互联网发展会影响农村居民创业，这里的创业包括创业环境、创业行为、创业规模以及创业绩效等多个方面。

本书以技能偏向理论为基础来研究互联网对收入差距的影响，基于信息不对称理论、工作搜寻理论和创业理论解释了互联网发展对收入差距的影响机制。具体地，基于信息不对称和工作搜寻理论，互联网发展缓解了信息不对称，让能够接触并熟练运用互联网的农村居民掌握更多的信息，降低工作搜寻成本，从而更有可能优化资源配置，促进就业，提升收入水平。然而无法接触或者未能熟练运用互联网的农村居民则无法提升收入或提升收入有限，从而影响收入差距。基于创业理论，互联网发展能够为接触并熟练运用互联网的农村居民带来丰富且有价值的资源，有助于识别创业机会。然而无法接触或者未能熟练运用互联网的农村居民则无法提升收入或提升收入有限，从而影响收入差距。上述理论从不同角度解释了互联网发展对收入差距的影响，在此基础上，本书形成了互联网发展对农村居民收入差距影响的研究框架。

第二节　本书的研究设计

以下将构建互联网发展对农村居民收入差距影响的研究设计。首先，基于上述理论，本节给出了互联网发展对农村居民收入差距影响的研究框架；其次，详细阐述了研究框架的重要内容：一是互联网发展对农村居民收入差距的影响，二是互联网发展影响农村居民收入差距的机制。

一、互联网发展对农村居民收入差距影响的研究框架

本节的研究框架如图2-2所示，互联网使用通过直接效应和间接效应影响农村居民收入差距。其中，由互联网使用产生的信息效应能够增加居民获取信息的数量和质量，从而获得更多经济类、政策类、技术类、市场类等方面有价值的信息，提高农村居民收入，进而影响居民收入不平等。互联网使用引致的间接效应主要体现在技术水平的提高，通过就业改变农村居民收入，进而影响农村居民的收入不平等。具体地，互联网发展通过影响就业从而影响收入，对不同受教育水平的农民群体收入的影响不同，从而产生收入差距。其中，受教育水平较低的农民群体能够获得更大的边际受益，则收入差距会缩小；受教育水平较高的农民群体能够获得更大的边际受益，则收入差距会扩大。

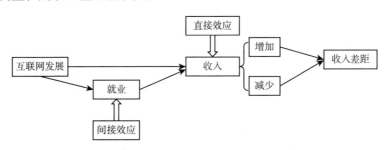

图2-2　互联网发展对农村居民收入差距影响的研究框架

二、互联网发展对农村居民收入差距的影响

随着互联网不断渗透到农村居民的经济生活，一方面，互联网技术的发展和应用通过减少交易成本、缓解信息不对称而扩大市场范围，让更多农村居民可以通过互联网获取更多有价值的信息从而增加收入；另一方面，互联网使用人数越多，使用互联网的边际成本越低，催生出更多形式和更多元化的网络经济模式，进而为农村居民创造更多的增收机会。在宏观层面上，互联网的普及有助于优化资源配置，有利于创新扩散，为实体经济注入创新力和生产力，催生出大量以互联网为基础的新兴业态。在微观层面上，农村居民接入互联网后可以享受到方方面面的红利，如获取教育、就业、培训、健康类资讯，以及共享经济、电子商务及平台经济等。互联网发展为个人发展提供了更多机会，帮助个体获取自身发展机会并增加了获取收入的渠道，对于改变收入差距有重要作用。要弄清楚互联网发展如何影响收入差距，首先要厘清互联网发展对农村居民收入的影响。

互联网使用为厂商和消费者缩短了交易时间，有助于参与交易的双方提高效率。互联网技术还将人们从传统机械劳动中解放出来，既有助于提高个体生产效率和工作效率（Krueger，1993），提升对劳动力利用效率，又可以获得丰富的信息资源，降低居民在工作和创业中的交易成本。当前众多新型商业平台如 C2C、B2C 和 B2B 等形式不断出现，在这类交易过程中，供给方利用互联网网络平台展示信息，需求方利用互联网网络平台获取信息，互联网发展降低了供给方服务成本的同时也降低了需求方的搜寻成本（Ghose A et al.，2013）。此外，信息化建设与发展有助于农村居民降低信息搜寻成本（Tack and Aker，2014），为个体从事经营性活动及获得工资性收入提供了极大方便，主要是市场主体利用互联网平台商业模式克服了时间和地域问题，增加了收入。互联网发展通过为厂商和消费者节约交易时间、提高交易效率等方式增加了更多的交易机会，从而帮助他们提高自身收入。

互联网发展突破了以往对信息传播的时间和空间限制，拓宽了农村居民的信息获取渠道并丰富了农村居民可以得到的信息资源，降低信息不对称程度。农户通过使用互联网获取市场价格信息并通过上网进行交易，实现自身收入增长。信息不对称是造成收入差距的关键因素（Acemoglu and

Ventura，2002）。生产条件会影响物质财富的分配，毫无疑问，信息作为重要的生产条件会影响物质财富分配。提高收入的机会更容易被掌握信息较多的群体获得，而掌握信息较少的群体往往更容易错过提高收入的机会。在劳动力市场上，使用互联网可以更便捷地发布招聘需求信息，还有助于求职者获取招聘信息，互联网还可以促进就业信息资源的流动，减少劳动力市场摩擦，缓解招聘者和求职者之间的信息不对称，帮助企业和个人结合自身需求以更少的时间和金钱找到合适的员工以及帮助个人找到合适的工作岗位。互联网通过减少厂商和消费者之间的信息不对称，提高招聘和求职效率，进而提高求职劳动者收入。

在厘清楚互联网发展对农村居民收入的影响后，本书进一步来看互联网发展对农村居民收入差距的影响。在我国农村仍有大量居民未受过良好教育，相较于受教育水平较高的农村居民，前者较容易出现不能承担信息费用的情况。即使是能够承担信息费用的群体，也可能不具备获取和利用信息的能力，这会造成受教育水平较低的群体无法及时有效地将信息转化成生产力和收入，从而在一定时期内加剧受教育程度不同群体之间的收入差距。能否缩小收入差距，主要看受教育水平较低的这类群体是否能够获得更大的边际收益。

信息不对称理论恰好从理论上阐述了互联网发展如何影响收入差距。作为一项信息通信技术，互联网能够迅速传播信息、突破时间和空间的限制，有利于提高市场经济的整合能力，有助于提高生产率、降低交易成本、促进信息和知识的传播以及优化资源配置效率。有研究已经证实了造成收入差距的重要原因之一是信息不对称（Acemoglu，2002），互联网普及正好可以缓解信息不对称程度，进而影响收入差距。互联网使用水平不同会引致不同劳动者拥有不同的信息搜寻成本，从而影响收入不平等。由于信息通信技术的普及有助于提高劳动生产率，因此可以减弱居民之间的收入差距（Lloyd-Ellis，1999）。从信息不对称理论的角度出发，数字鸿沟使得农村地区成为信息劣势方。作为信息劣势方，农村地区获取信息和应用信息的能力不足均会阻碍农村居民的就业和收入。在农村地区内部，农村居民获取信息和应用信息能力不同，其中高收入和受教育水平较高的农村居民群体获取信息和应用信息能力相对较高，而低收入和受教育水平较低的农村居民群体获取信息和应用信息能力相对较低，上述不同群体受到的就业和收入影响效应不同。这种差异可以解释为互联网发展造成的农村居民收入差距。基于上述分析，可以得知无法利用互联网或利用互联网的能力一般的农村居民收入增长会滞缓，而能够很好利用互联网的农村居民则可以借此增加其就业机会和收入，农村居民收入差距的产生是由于互联网发展为不同特征农民群体带来的就业机会和收入增长程度不同。收入差距程度如何变化，是扩大还是缩小，主要看无法利用互联网的农村居民是否能够获得更大的边际收益。

三、互联网发展影响农村居民收入差距的机制

使用互联网不仅为农村居民直接提供更多的发展机会，为他们提高收入，影响收入差距，还能够通过促进农村居民就业来帮助其提高自身收入水平，改变收入不平等。总体来说，互联网发展通过影响就业和收入进而影响收入差距，具体从以下四个方面展开论述。

第一，互联网发展会影响农村居民的工作搜寻和就业机会，从而影响收入水平和收入差距。在劳动力市场上，互联网使用者可以通过互联网搜寻工作求职信息，帮助劳动者在获取求职以及其他信息时花费更少的时间及金钱成本。根据人力资本理论，人力资本投资包括在健康、教育、培训和工作经历等领域的投资。这些投资主要通过提高技能、知识、健康或者素质，进而提高劳动者的货币和心理收入（Becker，1964）。使用互联网的工资溢价反映出生产率的提高，生产率的提高源于信息获取的改善、更快和更有效的沟通、更多的学习机会或更高的工作满意度，从而产生更高的工作承诺（DiMaggio et al.，2008）。互联网技术的发展为居民带来了很多有价值的信息，信息类型涉及经济、政策、技术、市场等多个方面。互联网发展帮助劳动者在就业市场上获得更多的就业信息，这些有价值的就业信息可以帮助劳动者更好地进行工作匹配。互联网使用者通过扩宽自身获取信息资源的渠道获得工资溢价（庄家炽等，2016）。在互联网接入之后，农村居民仍需负担手机、电脑硬件及数据流量等费用，这对农村居民构成了信息利用的成本门槛。同时仍有不少农村居民受教育水平较低，即使他们能够担负手机、电脑硬件及数据流量等费用，也不具备信息利用能力。因此，收入差距出现在不同受教育水平的农村居民群体之间，甚至在一定时

期内或特定条件下这种收入差距还会扩大，主要是因为受教育水平较高的农村居民更能够及时将信息利用能力转化成生产力和收入，而在另一部分农村居民身上这种影响可能滞后甚至影响无效。

第二，互联网发展会影响农村居民的就业类型，从而影响收入和收入差距等。农民长期在家中务农会阻碍其增收，主要原因是人均耕地面积少且生产效率落后。在人口老龄化背景下，想要解决劳动力短缺的问题，就要鼓励农村居民从事非农职业。根据工作搜寻理论，劳动力市场主要由企业职位空缺和寻求工作机会的求职者组成。劳动力市场上存在两者之间匹配效率缺失是实际存在的，而导致此问题出现的原因是信息不对称。

互联网发展减少了信息不对称，提高了劳动力市场上的就业匹配效率，从而增加就业机会，其中的作用机理有两个。一是有助于企业提高招聘效率。通过使用互联网，企业可以更快捷地发布招聘信息，扩大信息知晓范围，缩短信息传播时间；二是有助于求职者提高求职效率，通过互联网使用，求职者可以更快捷地获取求职信息，缩短求职时间，缩小求职成本，这一作用途径的结果是互联网使用促进非农就业。一方面，互联网发展通过缩短农村居民获取新知识、新技能的时间和金钱成本，有助于农村居民提高人力资本。另一方面，人力资本理论认为在劳动力市场上，积累更多的人力资本是劳动者获取市场竞争力的有效途径。市场竞争力较强的劳动者更有机会拓宽其非农就业渠道，进而增加就业机会。然而，互联网使用为不同特征的农村居民带来的非农就业影响效应不同。与学历水平较低的农村居民相比，学历水平较高的农村居民更容易通过互联网获取招聘信息，降低信息不对称带来的待业风险，找到满意的工作，增加其非农受雇的工作收入。由此可见，互联网发展对不同受教育水平农村居民所带来非农就业的影响不同。从理论上讲，互联网发展对农村居民非农就业具有促进作用，相较于受教育水平较低的农村居民，互联网发展对受教育水平较高的农村居民非农就业带来的促进作用更大。

第三，互联网发展会影响农村人口创业，继而影响收入和收入差距。根据创业理论，创业过程需要创业组织和个人不断学习，不断适应环境，最终实现创业目标。首先，互联网具有社会渠道效应。作为一种信息传递工具，互联网的普及和广泛应用可以为创业者带来信息获取和机会识别方面的优势（Xiao et al., 2010）。家庭和个人通过使用互联网获取高质量信息，降低创业过程中的信息搜寻成本，从而更有机会把握创业机会，成为创业者。其次，互联网发展具有社会交往效应。社交媒体是以互联网为平台发展起来的人与人获取和交流信息的重要途径。互联网不断发展让社交媒体愈发成为人际交往的重要手段，人们通过社交媒体会获得更好的朋友信任度，这种信任有助于人们拓展社交网络，从而积累个人社会资本（Boyd，2007）。社会资本越多，获得与创业相关信息的可能性越大。可见，互联网发展对提高农民的创业机会至关重要。对创业者而言，机会识别和资源获取至关重要（Xiao et al.，2010）。此后，研究发现互联网对农民创业具有积极的促进作用，能够帮助农村居民成为自我雇佣者（马俊龙、宁光杰，2017；周广肃、樊纲，2018）。农民创业在帮助农民增收的同时，也会加剧农村收入不平等（韦吉飞，2013）。个人职业选择受其初始财富禀赋的限制，获得更多社会资本、初始财富、人力资本的农户会进行寻租以获得创业机会，进而获取更高的收入，长期会造成创业农户与不创业农户的收入不平等，即高人力资本的农户倾向通过创业机会获得更高收入（Banerjee et al.，1993）。这就解释了创业农户与不创业农户之间会产生收入差距。

第四，互联网发展影响农村家庭生产经营活动，进而影响收入和收入差距。农村居民在资源禀赋（人力资本、社会资本、物质资本等）方面存在明显差异，因此农村居民个体间在使用互联网的能动性及经济效果等方面均存在差异。农村居民个体成员人力资本水平（受教育程度、互联网知识技能等相关培训经历）越高，其对互联网知识的学习和利用能力越强。农村居民对互联网知识的学习和利用能力越强，越可能扩宽其社交网络，即通过网络增加知识，并增强其将所学知识运用到生产经营活动中的积极性和主动性。互联网普及和互联网接入为农村居民享受互联网红利提供了基础和物质载体，具体来说，农村居民从事生产经营活动离不开互联网技术的普及，农村居民接触和使用互联网资源离不开互联网技术的接入。生产经营规模越大、专业化水平越高、财富积累越多且人力资本水平越高的创业农村居民，对互联网技术的需求越大，以期通过互联网技术进行采购、生产和销售等经济活动。农村居民在互联网技术上投入的成本越高，其获得的生产经营活动效果也越明显。因此，互联网技术采用对不同特征农户在生产经营尤其是创业实践中利用互联网功能以发挥互联网的经济效应不同，最终形成个体间创业规模和创业绩效差距。从理论上讲，由于资源禀赋和能力等方面的差异，互联网技术采用对农村居民从事生产经营活动产生的经济效果不同，因此互联网使用对不同类型农村居民群体的创业规模和创业绩效的影响效应不同，且对资源禀赋和人力资本较高的农村居民创业规模和创业绩效的促进作用更大。已有学者证实了互联网使用会加剧收入不平等，即对富有阶层的财富积累效应大于对中低收入阶层，主要原因是中低收入阶层在互联网使用上存在信息接收能力不足（Bonfadelli，2002；谭燕芝等，2017）。

此外，本书研究的一个重要方面是互联网发展影响农村居民收入差距的区域差异，下面将进一步对互联网发展影响农村居民收入差距的机制进行详细阐述。由于各地区互联网发展水平不同，我国互联网发展、经济发展水平和人力资本在不同区域之间的发展并不均衡，因此互联网发展对农村居民收入差距的影响可能存在区域差异。在互联网发展影响农村居民收入差距区域差异的研究中，有学者认为，互联网普及对东部地区农村居民收入差距呈现出明显的抑制作用，而在中西部地区则表现出不同的结果（程名望、张家平，2019）。也有研究发现，互联网使用影响农村居民收入不平等的区域差异体现在东中部和西部之间，即对东部和中部地区的影响更大，对西部地区的影响并不显著（刘任等，2020）。然而已有研究并未对区域差异的影响机制进行探讨和分析。本书从互联网应用能力视角，分析了互联网的区域差异对农村居民收入差距的影响作用。互联网应用能力更强的地区，互联网对居民经济社会生活影响的效应更强，对收入差距的影响作用更大。互联网应用能力受到地区农村居民受教育程度的影响，农村居民受教育水平高的东部地区和中部地区具有更强的互联网应用能力。由于不同来源收入具有不同特点，互联网的区域差异对不同来源收入差距的影响作用存在差异。

本章小结

本章主要介绍了技能偏向理论、信息不对称理论、工作搜寻理论和创业理论等能够在一定程度上解释互联网与收入差距之间关系的经济学理论。其中，技能偏向理论和信息不对称理论能够较好地解释互联网发展影响农村居民收入差距的原因，以及这种影响在不同区域存在差异的现象，可以作为研究互联网发展对农村居民收入差距影响的理论基础，本书在此基础上阐释了互联网发展影响农村居民收入差距的理论模型与研究设计。在互联网发展对农村居民收入差距影响机制的分析方面，本章主要从直接效应和间接效应两个方面展开论述。一方面，互联网技术的发展和应用促进了信息传递和交流，减少了信息不对称，有利于居民获取有价值的信息从而获得更多的增收机会；另一方面，互联网技术的发展和应用通过帮助居民匹配工作或者获取更多的就业机会，帮助居民提高了收入进而影响收入差距。互联网发展对农村居民收入差距影响也可能存在区域差异，互联网应用能力更强的地区，互联网对居民经济社会生活影响的效应更强，对收入差距的缩小作用更大。

第三章

互联网发展与农村居民收入差距的动态演变和现状分析

20 世纪 70 年代以来，学者们普遍认为中国农村收入差距呈现出恶化趋势，同时这种恶化趋势会严重影响中国经济发展，甚至会影响社会和政治稳定（万广华等，2005；孙敬水、于思源，2014；何燕，2016）。国家统计局按照新的统计口径测算出全国的基尼系数从 2010 年到 2016 年分别为 0.481、0.477、0.474、0.473、0.469、0.462 和 0.465，可以看出虽然全国的基尼系数呈下降趋势，但是总体仍处于（0.4，0.5］这一收入差距较大区间。也有学者认为基尼系数存在被低估的可能。杨耀武、杨澄宇（2015）基于对微观家户数据的基尼系数区间估计，认为中国居民收入基尼系数已经进入下行通道这一结论未必成立。罗楚亮（2019）认为在调查中由于高收入人群的数据缺失，基于住户调查数据所得到的收入基尼系数在一定程度上被低估。这些针对收入差距的基础性研究对于政策制定和实施具有一定意义，更重要的是反复证实了居民收入差距问题依然存在。刘李华、孙早（2021）利用 CGSS 数据发现虽然存在少量年份居民收入差距在下降，但是 2002~2014 年居民收入差距整体呈上升趋势。在涉及农村居民收入差距的研究中，学者们对农户收入进行了详细的数据分析，认为农村居民收入差距依然严重。程名望（2014）发现农户收入水平增速较低。农村居民的收入主要由家庭经营和打工经商两部分组成。孙敬水、于思源（2014）利用 2012 年中国 31 个省份 2852 份农户问卷调查数据，通过农户人均收入测算出农户人均收入基尼系数高达 0.568，即农村居民收入不平等程度较高。江克忠等（2017）利用 CFPS2010 年和 2014 年数据，发现农户收入差距问题明显加剧。

互联网使用是影响农村居民收入的因素之一。互联网技术发展和使用催生了各种新的生产范式，比如平台经济、网络经济等在我国经济发展中所占比重日益增加。从微观上看，互联网可以帮助劳动者提高劳动参与率及获取有价值的信息，进而提高劳动者收入（DiMaggio and Bonikowski，2008；毛宇飞等，2019）。根据历年《中国互联网络发展状况统计报告》[①]，自 2010 年以来，互联网使用人数持续呈增长趋势，从 2012 年至今，农村上网人数也保持逐年上升势头。这些年国家要求大力发展信息基础设施建设，特别是提出要大力发展农业信息化建设，其中国务院在 2015 年发布了《关于积极推进"互联网 +"行动的指导意见》[②]，确定"三农"发展过程中互联网起到重要作用。互联网在"三农"工作中发挥的作用逐渐增强，进一步促进农村经济发展。据阿里研究院发布报告[③]的数据显示，2009 年我国"淘宝村"有 3 个，到 2019 年"淘宝村"数量激增到 4310 个。"淘宝村"对农村经济发展起到重要的作用，不仅助力农民增收，甚至还引领"三农"发展。

因果推断和趋势预测的基础和前提是全面细致地描述基本的社会现象、社会事实、社会问题（吴赛尔等，2017）。本章利用国家统计局发布的官方数据以及 CFPS 家庭追踪数据，采用基尼系数进一步考察了 2010 ~ 2016 年的农村居民收入及收入差距的变化趋势，以期全面了解互联网发展与收入差距的现实情况。本章剩余部分的安排如下：第一节主要介绍互联网发展经历的各阶段和现状；第二节主要介绍了我国农村居民收入和收入差距的演变、现状和来源，来源包括我国居民总收入和分项收入情况，以及总收入和分项收入基尼系数；之后，对本章研究所得结论进行总结。

---

① 《中国互联网络发展状况统计报告》，始于 1997 年 11 月，是由中国互联网络信息中心（CNNIC）发布的最权威的互联网发展数据的报告之一。

② 国务院印发《关于积极推进"互联网 +"行动的指导意见》：http：//www.cac.gov.cn/2015 - 07/04/c_1115816346.htm。

③ 报告全称是《中国淘宝村研究报告（2009 - 2019）》，由阿里巴巴集团联合其他研究机构发布。

第一节　互联网发展经历的不同阶段和现状

一、互联网发展经历的不同阶段和历史演变

自互联网诞生以来，全球社会经济发展和人们的生产生活习惯都与互联网息息相关，可以说，互联网已经渗透到人们生活的方方面面。系统回顾互联网自诞生以来的发展脉络，有助于我们更好地认识和理解互联网。本部分将互联网自诞生以来的演变历程划分为以下四个阶段。

（一）第一阶段：准备萌芽期

第一阶段指的是 1960 年以前。这一时期与互联网发展相关的大事包括电话和广播站的出现，具体事件包括：1875 年贝尔发明了第一部电话，此后 1947 年贝尔实验室还制造出第一个晶体管，世界上有了第一个无线电广播站。电报、电话和电磁波的发明，让信息得以通过电报、电话和广播来传播，人类获取信息的方式彻底发生了改变。1949 年中华人民共和国成立，我国大量基础设施尚待重建，以电报、电话和广播为载体的信息传播处于萌芽期。

（二）第二阶段：徘徊受阻期

第二阶段的时间具体是 1955～1980 年。1946 年，世界上第一台电子计算机诞生，自此西方国家的信息技术开始迅速发展，计算机诞生也标志着信息技术革命的开始。在这一阶段，以美国、英国、德国和法国为代表的发达国家是公认的互联网发展最迅猛的国家。目前，世界上对互联网诞生的时间未达成一致，认可度比较高的观点是互联网（阿帕网）诞生于 1969 年 10 月 29 日。20 世纪 60 年代和 70 年代，互联网走向实际应用。标志性事件一是 1976 年英国女王伊丽莎白二世成功发送了她的第一封电子邮件，二是世界上第一个 BBS 系统由克里斯坦森和瑟斯于 1978 年在美国发布（方兴东等，2019）。互联网奠定全球化基础是在 20 世纪 80 年代，这一时期美国、欧洲以及亚洲等各国高校都开始研究计算机网络，包括协议、规范和网络

等方面。1982 年，互联网的定义得以明确，即通过 TCP/IP 协议连接起来的一组网络。在这一时期，我国居民人均可支配收入较低，比如 1978 年我国城镇居民人均可支配收入仅为 343.4 元，大部分居民都未能拥有电话及移动电话，电话及移动电话的普及率仅为 0.38%。中国拥有世界 1/5 的人口，总话机数不足世界平均水平的 10%（高锡荣，2007）。尽管在这一阶段人们对信息通信具有强烈需求，然而受到信息通信产品供给不足和城镇居民人均可支配收入过低的双重制约，我国居民在互联网可及性和使用性两个方面均处于低水平。

（三）第三阶段：蓬勃发展期

第三阶段指的是 1990～2010 年。1990 年后，作为变革时代的创新力量，互联网驱动各领域发生深刻变革。互联网的辉煌从 1993 年开启，因为在这一年浏览器诞生，其中与 NSFNET 相连的计算机数量自 1985 年的 2000 台增至 1993 年的 200 万台，增加了 1000 倍。[1] 进入千禧年之后，互联网涌现出强大创造力和生产力从而引发社会巨大反响，先是 Web 2.0，接着是移动互联网浪潮，让网络建设成为服务人类社会的基础设施建设。

在这一时期，我国政府部门日益重视信息基础设施建设，采取了一系列措施加强信息化建设。我国互联网同样处于蓬勃发展期。1994 年我国实现了互联网的全功能连接，同年我国接入第一条互联网国际专线。作为农村信息化的开端，1994 年 12 月在国家经济信息化联席会议第三次会议上首次提出了金农工程，[2] 其目的是加速推进农业和农村信息化。2004 年，信息产业部明确提出了村通工程[3]的基本目标，到 2005 年底开通电话的农村地区行政村达到 95%。2006 年我国政府发布了《中共中央 国务院关于推进社会主义新农村建设的若干意见》，明确指出要继续推进农村信息化，并再

---

① http://www.forbes.com/sites/anthonykosner/2012/04/22/always-early-marc-andreessens-five-big-ideas-that-have-shaped-the-internet/.
② 作为农业领域信息化的基础设施建设工程，"金农"工程建立了农业综合管理和服务信息系统。
③ 2004 年 1 月 16 日，信息产业部出台了《农村通信普遍服务——村通工程实施方案》。

次强调要建好农业综合信息服务平台建设工程①和金农工程。"十一五"期间农村通信发展的目标是：实现"村村通电话，乡乡能上网"。从 2006 年到 2010 年，全面实现了农村通信"十一五"规划目标，即在全国范围内实现了 100% 行政村通电话、100% 乡镇通互联网。在这一阶段，信息通信基础设施建设进一步完善，互联网已经全面向农村铺开和普及。国家推出各项政策来加强农村信息化基础设施建设并加速我国农村信息化发展，而同期我国农村居民人均可支配收入也实现了快速增长，从 2000 年的 2282.12 元增加到 2010 年的 6272.44 元。

（四）第四阶段：飞速发展期

第四阶段指的是 2010 年至今。在这一时期，使用移动互联网的人数快速增加，全球迎来了移动互联网黄金时代。以美国 Facebook 公司为例，2010 年该公司活跃用户数已达 4 亿，两年后 Facebook 开盘价市值达到 1152 亿美元，成为历史上规模最大的科技公司 IPO。《2016 年互联网趋势报告》（2016 *Internet Trends Report*）称 2015 年印度网络用户数超过了美国，成为全世界规模第二大的互联网市场。互联网对世界经济增长的贡献率逐年提高，正逐渐成为全球经济增长主要驱动力。有关数据②显示：2016 年全球范围内信息和通信技术产品与服务在国内生产总值（GDP）中占比达 6.5%。到 2018 年全球网民普及率超过 50%，其中未接入互联网的人超过 90% 来自发展中国家。由此可见，全球互联网发展主战场已经转移到发展中国家。2010 年 6 月国务院正式推出了三网融合方案并确定了试点城市，要求加快推进宽带通信网、数字电视网和下一代互联网建设。

中央一号文件是由中共中央每年年初发布的以农业、农村和农民为主题的文件。从 2010 年至今，每一年的中央一号文件均强调了"三农"问题在中国社会主义现代化时期"重中之重"的地位，并对如何解决"三农"问题提出了具体要求。2012 年中央一号文件表示要全面推进农村信息化发展，提高农业生产经营、市场流程和质量安全控制等方面的信息服务水平，

---

① 中央政府门户网站，http：//www.gov.cn/jrzg/2006－02/21/content_205958.htm。
② 中国信息通信研究院，互联网发展趋势报告（2017 年－2018 年）。

重点加强对涉农信息服务站点和信息示范村建设。^① 2013 年中央一号文件指出，要推进"四化同步"发展战略，创建农业社会化服务示范县。启动金农工程二期，建设国家农村信息化试点省。^② 同年我国国务院发布了"宽带中国"战略实施方案，这一方案把"宽带战略"上升到国家战略层面，为宽带普及在我国的发展奠定了坚实基础。该方案明确提出战略目标：要新增 18000 个通宽带行政村数量，5000 所贫困农村地区中小学宽带接入或改造提速。^③ 发展农村互联网对发展农村经济建设和社会建设至关重要，2014～2016 年连续三年的中央一号文件^④仍然将推进农村信息化作为重要建设任务。文件提出以下三个目标。一是继续加强农村互联网建设，推进农村通信、广播电视等村村通工程，继续完善农村信息基础设施建设，推进宽带普及和信息进村入户。2019 年和 2020 年的中央一号文件均提出要"实施数字乡村战略"^⑤，通过推进农业农村信息化，开展国家数字乡村试点，从多渠道促进农户持续增收，帮助农民实现就业和创业。二是深入融合"互联网＋"农业。将新一代信息技术如云计算、大数据、物联网和移动互联等农业深度融合，促进农业全产业链升级。三是推进农村地区互联网全覆盖以及提速降费。我国农村网民规模从 2012 年的 1.56 亿人上升到 2016 年的 2.01 亿人。通过这一数据可以看出，2013 年中央推出了一系列有助于农村信息化发展的政策之后，农村网民数量从 2012 年到 2016 年增加了 0.45 亿人。作为实现现代化的重要手段，信息化始终贯穿于我国发展的整个过程。通过梳理过去各个时代的发展历程，可以清晰发现，互联网是技术发展和社会进步的必然产物，未来将继续在人类发展史上发挥重要作用。接下来本书将对我国互联网的发展阶段以及各阶段发生的重大事件进行梳理，详细内容见下表 3 - 1 所示。

---

① 中华人民共和国农业农村部，http：//www.moa.gov.cn/ztzl/nyfzhjsn/zyhwj/201208/t20120830_2901691.htm。
② 中央政府门户网站，http：//www.gov.cn/gongbao/content/2013/content_2332767.htm。
③ 中央政府门户网站，http：//www.gov.cn/zwgk/2013 - 04/17/content_2380045.htm。
④ 中华人民共和国农业农村部，2014 - 2016 年中央一号文件，http：//www.moa.gov.cn/ztzl/2016zyyhwj/2016zyyhwj/。
⑤ 中华人民共和国农业农村部，http：//www.moa.gov.cn/gk/zcjd/201906/t20190619_6317991.htm。

表 3 - 1 以互联网为代表的信息技术四大发展阶段以及各阶段
重大事件汇总

发展阶段	发展时期	信息技术发展的标志性事件	利用信息技术的主要方式
准备萌芽期	20 世纪 60 年代以前	1837 年莫尔发明有线电报机 1875 年贝尔发明电话机 1900 年中国第一部市内电话在南京开办 1947 年贝尔实验室还制造出第一个晶体管	电报、电话、广播
徘徊受阻期	20 世纪 50 年代中后期至 20 世纪 80 年代	1946 年第一台电子计算机诞生 1969 年互联网（阿帕网）诞生 1973 年摩托罗拉公司发明世界上第一部手机 1977 年第一台个人微电脑 Apple2 诞生	广播、黑白电视、模拟手机
蓬勃发展期	20 世纪 90 年代至 2010 年	1991 年欧洲开通移动通信 GSM 系统 1993 年浏览器诞生 1994 年中国开通第一条互联网国际专线 1999 年腾讯 QQ 上线 2004 年 The Facebook 上线 2006 年 Twitter 诞生	互联网、数字手机、短信、无线寻呼
飞速发展期	2010 ~ 2014 年	2012 年国际互联网协会举行了世界 IPv6 启动纪念日 2012 年 Facebook 开盘价市值达到 1152 亿美元 2014 年中国手机使用率首次超过 PC 使用率 2014 年中国主办的首届世界互联网大会在乌镇举办	移动智能终端、互联网、SNS

二、互联网发展现状

本章使用国家统计局以及 CFPS2010 年、2014 年和 2016 年的数据进行农村居民收入及收入差距现状趋势的刻画，将国家统计局的官方数据结果和 CFPS 微观数据库结果相结合，找出 2010 ~ 2016 年我国农村居民收入及收入差距的变化趋势和规律。选择国家统计局数据原因包括：一是样本覆盖面广，统计局的居民收入调查覆盖了全国所有省级行政区和 800 多个调查县（市、区）和 16 万调查户；二是时效性强且年份连续，通过一定年份的数据观察可以看出最近一段时间内我国农村居民收入差距的现状。选择使用 CFPS 数据的原因包括：第一，CFPS 是追踪调查数据，有助于测算收入差距趋势；第二，CFPS 数据库具有较大的样本量，能够较为准确地刻画农村居民收入差距现状。

本章根据研究内容对样本进行了筛选：一是基于国家统计局资料的城乡分类，仅保留样本类型为"农村"的样本；二是剔除年龄大于 60 周岁或小于 18 周岁的样本；三是剔除相关变量缺失和异常值数据的样本；四是为保证不同年份之间收入数据的可比性，对收入等相关数据进行了平减处理。

由于本章所使用的 CFPS 数据库是从 2010 年开始的，为便于数据统一和观察，本章所整理的居民互联网使用人数及互联网普及率数据也从 2010 年开始。图 3 - 1 是从 2010 年至今互联网使用人数和互联网普及率的情况。[①] 2010 年互联网使用人数为 4.57 亿人，互联网普及率为 34.3%；2016 年使用互联网的人数则上升到 7.31 亿人，互联网普及率为 53.2%；2020 年 3 月使用互联网的人数为 9.04 亿人，[②] 2020 年使用互联网的人数为 9.89 亿人，互联网普及率为 70.4%。10 年里互联网使用人数增加了近 2.2 倍，同时互联网普及率增长了 2.1 倍左右。

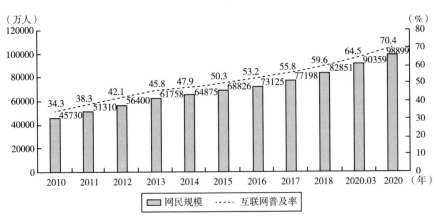

图 3 - 1　2010~2020 年中国居民互联网使用人数及互联网普及率

---

① 数据来自历年来 CNNIC 发布的《中国互联网络发展状况统计报告》。

② 根据第 45 次《中国互联网络发展状况统计报告》说明，受新冠肺炎疫情影响，数据截止时间调整为 2020 年 3 月，因此在汇报的结果中本书采用了 2020 年 3 月份的数据。

　　图 3-2 展示的是历年来我国农村互联网使用人数以及其在整体互联网使用人数中的占比情况。① 2012 年使用互联网的农村网民人数为 1.56 亿人，到 2016 年使用互联网的农村网民人数为 2.01 亿人。2012~2016 年间，从图上可以看出 2013 年到 2014 年农村网民人数增加较少，而其他年份农村网民人数都呈现缓慢上升态势。2016 年至今，农村互联网使用人数一直呈现出增加趋势，特别是 2018~2020 年农村互联网使用人数从 2.22 亿人增至 3.09 亿人，增长近 1.4 倍。2012~2015 年农村互联网使用人数在整体互联网使用人数中的占比情况则呈现出波动，自 2015 年开始有所下降，到 2018 年降到低谷之后又呈现出高速上升的趋势。

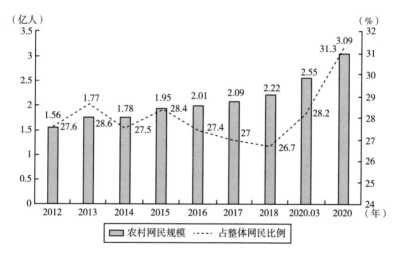

图 3-2　2012~2020 年中国农村网民规模和农村网民占整体网民比例

第二节　中国农村居民收入及收入差距演变、
现状及差距来源的分解

一、中国农村居民收入及收入差距的动态演变

　　图 3-3 描述了我国农村居民家庭人均纯收入以及其人均纯收入增长率

---

　　①　由于 2012 年之前 CNNIC 发布的《中国互联网络发展状况统计报告》暂无农村网民规模及占比等相关数据，因此这部分展示的数据从 2012 年开始。

的变化趋势。从图中可以看出，从 1985 年开始到 2016 年我国居民收入总体呈现出增长趋势，2006 年之前农村居民收入呈现缓慢增加态势。从图上可以看出 1990～1994 年农村居民收入增速明显变快，然而 1995～2000 年农村居民收入增速出现断崖式下降，到 2009 年农村居民收入增速波动式起伏，2010 年以后又出现一个增长高潮。根据数据所呈现出的特点，本书将我国农村居民收入变化分为五个阶段。

(一) 第一阶段：1985～1989 年

这一阶段农村居民收入的变化趋势是在波动中缓慢增加。以 1985 年为时间节点，在 1985 年之前农村居民收入高速增长的主要原因是家庭联产承包责任制①在农村全面铺开。1985 年之后，农村居民收入增加缓慢主要来自以下两方面的制约。一是家庭联产承包责任制②并不能提高农业生产的技术基础。前一时期农村居民收入的高速增长主要依靠集体化时期的物质基础和已经变化的生产关系，当改革向深层次迈进时，农业生产基础过于薄弱的弊端就会凸显。二是治理通货膨胀使乡镇企业遭到了重创。1988 年我国出现了严重通货膨胀，各地银行发生了挤兑风潮，各类商品遭到抢购。为治理通胀，我国政府进行了宏观调控，宏观调控过程中紧缩银根对乡镇企业造成了巨大冲击。

(二) 第二阶段：1990～1994 年

这一阶段农村居民收入迅速增加。为了抵消通货膨胀的影响，帮助农民提高收入，国家连续两次提高农副产品收购价格，在国家大力扶持下农业产业大力发展，农村居民可支配收入大幅提升。这一时期粮食产量大增，加之农副产品收购价格提高，促进了农村居民增产增收。1992 年中共十四大会议将社会主义基本制度与市场经济相结合，确定了社会主义市场经济体制。市场经济激发了市场活力，促进生产效率提高，从而有助于农村居民提高收入。

---

① 家庭联产承包责任制是指农民以家庭为单位，向集体经济组织承包土地等生产资料和生产任务的农业生产责任制形式。

② 家庭联产承包责任制的内容包括农户按照合同规定自主地进行生产和经营，其经营收入除按合同规定上缴一小部分给集体及缴纳国家税金外，全部归于农户。

（三）第三阶段：1995～2000 年

这一阶段农村居民收入增速迅速下降。导致农村居民收入增速迅速下降的主要原因是宏观经济发展趋缓。受金融危机影响我国经济增长受阻，同时国有企业改革受阻导致下岗职工增加，面对城市下岗和就业减收的双重压力，农村居民收入的快速增长受到制约，但农村居民收入依然呈现缓慢增加趋势。1996 年农村居民最低生活保障制度开始在农村试行，这项制度为农村低收入居民提供了相应的社会保障服务，为农村居民收入增加贡献了一分力量。1997 年国家出台的《乡镇企业法》① 为促进乡镇企业发展提供了良好的外部环境，同样有助于农村居民增加收入。

（四）第四阶段：2001～2009 年

在此阶段农村居民增收波动回升。2000 年之后的第一个中央一号文件对"三农"问题做出了详细说明和解释，其中包括如何做到农村经济稳步发展、农村改革稳步推进、农民收入稳步增加以及农村社会继续保持稳定。2006 年我国全面取消农业税，之后各种惠农政策都在帮助农村居民减轻负担，从而帮助农村居民增加收入并改善生活水平。

（五）第五阶段：2010 年至今

这一阶段农村居民收入增速波动变化。这一阶段政府出台了一系列支持农村发展的政策，依旧在中国经济发展过程中保留了"三农"问题的重要地位，包括每年发布的以农业、农村、农民为主题的中央一号文件、"全面深化改革农村若干意见"和"户籍制度改革意见"等，都有助于帮助农村居民提高收入。为了改善农村农民生活水平，我国政府在农村实行了社会保障措施。根据"十一五"规划提出的目标，到 2010 年新型农村合作医疗②（简称"新农合"）在农村地区的覆盖面应超过 80%。此后各级财政也

---

① 1996 年 10 月 29 日，第八届全国人民代表大会常务委员会第二十二次会议通过《中华人民共和国乡镇企业法》，自 1997 年 1 月 1 日起施行。

② 新型农村合作医疗是指由政府组织、引导、支持，农民自愿参加，个人、集体和政府多方筹资，以大病统筹为主的农民医疗互助共济制度，从 2003 年起在全国部分县（市）试点，到 2010 年逐步实现基本覆盖全国农村居民。

逐渐提高了对"新农合"的补助标准，补助标准从 2010 年的 120 元提高到 2014 年的 320 元，切实为农村居民减负。

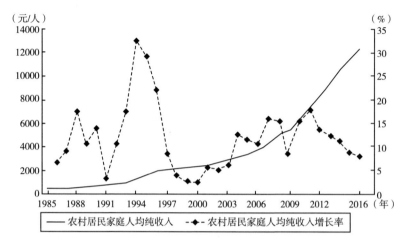

图 3 - 3　1985 年至 2016 年我国农村居民家庭人均纯收入变化趋势

二、中国农村居民收入及收入差距现状

前面章节内容分析了我国居民收入差距的演变过程，分析发现我国居民收入总体呈现出增长趋势，接下来主要描述收入差距现状。本书所提到的收入差距主要包括工资性收入差距、经营性收入差距、财产性收入差距和转移性收入差距。① 本节将按照来源对收入进行分类，从分项收入角度分析我国居民收入及收入差距的组成。利用国家统计局发布的官方数据以及 CFPS 家庭追踪数据，测算基尼系数并进一步考察 2010 ~ 2016 年农村居民收入及收入差距的变化趋势。中国统计年鉴将收入分为四部分：工资性收入②、家庭经营性收入③、

---

① 在统计年鉴里，按照不同收入来源，将农民收入分为工资性收入、家庭经营性收入、财产性收入和转移性收入。

② 工资性收入是指农村居民以出卖劳动力要素，为单位或个人工作所获得的收入，包括农业和非农业的雇佣收入。

③ 经营性收入是指农村居民住户以家庭为单位进行生产经营所获取的收入，具体从事行业有农林牧渔业、交通运输业及邮电业等，具体包括自家农业收入以及个体和私营企业收入中的自家部分。

财产性收入[1]和转移性收入[2]。在 CFPS 数据库中，除上述四种类型的收入外，对收入的分类还包括其他收入[3]，由于其他收入数值占比较小，且和互联网发展水平没有直接关系，故在本节分析中不予讨论。基尼（1921）提出了基尼系数[4]，这是一个测量集中程度的指标，用于研究收入不平等问题。基尼系数是反映居民之间贫富差异程度的常用统计指标。虽然国际上并未对基尼系数给出统一标准，但是学界普遍认为若基尼系数小于 0.2 则居民收入过于平均，0.2 ~ 0.3 之间则较为平均，0.3 ~ 0.4 之间时比较合理，0.4 ~ 0.5 时差距过大，大于 0.5 时差距悬殊。

基尼系数的计算公式见式（3-1），其中，G 指代基尼系数，μ 代表不同分组整体收入的期望值，N 指的是观察值的个数，y_i 是个体 i 的收入。

$$G = \frac{1}{2\mu N^2} \sum_{i=1}^{N} \sum_{j=1}^{N} |y_i - y_j| \qquad (3-1)$$

变量及其序数的协方差是基尼绝对平均差（Stuart，1954），对于离散的收入分布（Anand，1983），基尼系数计算如下（徐宽，2003）：

$$G = \frac{2\mathrm{cov}(y_i, i)}{n\mu_i} \qquad (3-2)$$

相关研究同样得到了与连续收入分布相关的类似结果（Lerman and Yitzhaki，1984）。根据尼斯基（Lomnicki，1952）的发现，伊扎克（Yitzhaki）得到的基尼系数定义如式（3-3）所示：

$$G = \frac{2\mathrm{cov}[y, F(y)]}{\mu_y} \qquad (3-3)$$

迪顿（Deaton，1995）进一步给出了可以直接计算基尼系数的方法，如式（3-4）所示：

---

　① 财产性收入是指农村居民将自己的有形非生产性资产或金融资产的使用权"出租"给其他机构而获得的"租金收入"，具体包括家庭出租房产、土地和其他家庭资产或设备所获得的收入。

　② 转移性收入主要是指政府的补助补贴和家庭获得的社会或私人捐赠的钱物价值，具体包括政府救济金、退休金及土地征用补偿收入等。

　③ 具体指礼物礼金和填报在"其他收入"一项中的收入。

　④ 基尼系数指洛伦兹曲线图中不平等面积与完全不平等面积的比值。

$$G = \frac{1}{\mu N(N-1)} \sum_{i>j}^{N} \sum_{j}^{N} |y_i - y_j| \qquad (3-4)$$

我国统计年鉴包括了农村按收入等级划分的五等分数据。根据基尼系数的计算公式，可以推导出如下计算基尼系数的公式，具体见式（3-5），其中，N 代表分组数，将分组从高到低分成了相等的五份，其中 P_i 是第 1 组到第 i 组的人口占总人口的比例，为累积到第 i 组的收入。

$$G = 1 - \sum_{i=1}^{N} (W_{i-1} + W_i) \times P_i \qquad (3-5)$$

本章在后文中需要用到基尼系数来测算农村居民内部的收入差距，本章采用分组数据刻画近年来收入差距的变化趋势，在测算和操作上具有可行性，测出基尼系数可以更好地反映当前我国农村居民的收入差距现状。

（一）农村居民收入变化趋势

1. 2010～2013 年农村居民收入变化趋势

由于我国区域差异明显，为进一步厘清我国农村居民收入变化的区域差异，[①] 本书将我国区域划分为东部[②]、中部[③]和西部[④]三大区域。按照不变价格[⑤]计算的区域之间的农村居民人均收入水平如表 3-2 所示。从全国收入水平来看，在 2010～2013 年呈逐渐增加趋势。分区域来看，在历年数据中东部收入水平都较高，中部和西部偏低。2013 年东部农村居民人均收入为 11536.66 元，而中部和西部农村居民人均收入分别为 8687.55 元和 6727.96 元。由此可以看出，随着国家对"三农"问题高度重视以及一系列惠农政策的推出和实施，农村居民人均收入水平呈现出稳步上升的良好态

---

① 划分依据来源于国家统计局。
② 包括 11 个省（直辖市），分别是北京、天津、河北、辽宁、上海、江苏、浙江、福建、山东、广东、海南。
③ 包括 8 个省，分别是山西、吉林、黑龙江、安徽、江西、河南、湖北、湖南。
④ 包括 12 个省（自治区、直辖市），分别是内蒙古、广西、重庆、四川、贵州、云南、西藏、陕西、甘肃、青海、宁夏、新疆。
⑤ 本书以 2010 年为基年，利用历年各省农村居民消费价格指数（CPI）进行调整后计算出的 2011～2013 年数据。全书对于所有涉及的收入变量都采用同样方法进行计算和调整。

势。本节将分区域农村居民人均收入及区域差异的数据结果分成 2010 ~ 2013 年以及 2013 ~ 2016 年两个时间段分别呈现,[①] 以描述农村居民人均收入变化趋势。

表 3 - 2　　　　　2010 ~ 2013 年农村居民人均收入及区域差异　　　（单位：元）

地区	2010 年	2011 年	2012 年	2013 年
全国	5919.01	6832.2	8001.54	8965.14
东部	7608.68	8855	10332.82	11536.66
中部	5654.51	6595	7751.02	8687.55
西部	4312.04	5011.15	5941.88	6727.96

数据来源：国家统计局，由作者整理和计算后得到。

从收入来源与结构来看，如表 3 - 3 和图 3 - 4 所示，2010 ~ 2013 年间，农村居民最主要的收入来源是家庭经营收入和工资性收入，其占农村居民总收入的比例分别为 47.86% 和 41.07%，两者合计占比 88.93%。然而，转移性收入占农村居民总收入的比例为 7.65%，财产性收入占比为 3.42%，两者合计占比 11.07%。从演变趋势上来看，2010 ~ 2013 年转移性收入和工资性收入增速最快，年平均增速分别为 32.1% 和 29.18%，占家庭总收入的比例稳步提高；其次是财产性收入，年平均增速为 20.84%；家庭经营纯收入增加最慢，年平均增速为 12.12%。综上所述，一方面，与转移性收入和财产性收入相比，家庭经营性收入和工资性收入是农村居民最核心的收入来源。另一方面，从农村居民的收入结构结果来看，在这一时期转移性收入和工资性收入是农村居民收入增长点，特别在国家各种惠农政策出台之后，转移性收入呈现出迅猛增长趋势。

表 3 - 3　　　　　　　2010 ~ 2013 年全国农村居民收入结构　　　（单位：元）

收入类型	2010 年	2011 年	2012 年	2013 年
工资性收入	2431.05	2901.81	3484.46	4056.7
经营纯收入	2832.8	3154.98	3571.29	3560.87

---

① 从 2013 年起，国家统计局开展了城乡一体化住户收支与生活状况调查，本书 2013 年及以后数据来源于此项调查。2013 年前分城镇和农村住户调查的调查范围、调查方法、指标口径与 2013 年之后不同。

续表

收入类型	2010 年	2011 年	2012 年	2013 年
财产性收入	202. 25	223. 82	251. 72	295. 33
转移性收入	452. 92	551. 61	694. 07	790. 42

数据来源：国家统计局，由作者整理和计算后得到。

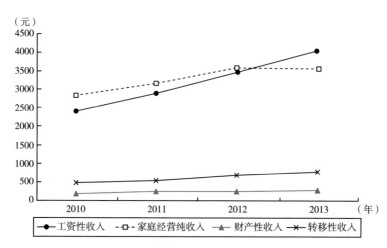

图 3 - 4　2010 ~ 2013 年全国农村居民收入结构及演变趋势

2. 2013 ~ 2016 年农村居民收入及变化趋势

根据表 3 - 4 所呈现的结果，整体来看，全国收入水平在 2013 ~ 2016 年呈逐渐增加趋势，从 2013 年的 9429. 59 元增加到 2016 年的 11764. 59 元。分区域来看，东部地区历年收入水平数据比较高，中部地区和西部地区偏低。2013 年东部地区农村居民人均收入为 13089. 76 元，而中部地区和西部地区的人均收入分别为 9090. 94 元和 7350. 95 元。到 2016 年，东部地区农村居民人均收入为 17135. 06 元，其次是中部地区农村居民人均收入为 11780. 95 元，西部地区最低为 9762. 09 元。需要注意的是，自 2013 年以来中部农村居民人均收入与全国农村居民人均收入逐渐接近，到 2016 年基本持平。由此可以看出，随着国家对"三农"问题高度重视以及一系列惠农政策的推出和实施，农村居民人均收入水平呈现出稳步上升的良好态势。

表 3 - 4 　　　　2013 ~ 2016 年农村居民人均可支配收入及区域差异 　　（单位：元）

地区	2013 年	2014 年	2015 年	2016 年
全国	9429. 59	10303. 38	11074. 62	11764. 6
东部	13089. 76	14497. 55	15789. 61	17135. 06
中部	9090. 94	10118. 89	10940. 55	11780. 95
西部	7350. 95	8204. 51	8975. 08	9762. 09

数据来源：国家统计局，由作者整理和计算后得到。

从收入来源与结构来看，如表 3 - 5 所示，2013 年农村居民最主要的收入来源是家庭经营收入和工资性收入，其占农村居民收入的比例分别为41.73% 和 38.73%，两者合计占比 80.46%。然而，转移性收入占农村居民总收入的比例为 17.47%，财产性收入占比为 2.07%，两者合计占比19.54%。从演变趋势上来看，2013 ~ 2016 年转移性收入和可支配财产净收入增速最快，年平均增速分别为 15.96% 和 15.3%，其次是工资性收入，年平均增速为 14.38%；经营性收入增加最慢，年平均增速为 7.08%。综上所述，一方面，与转移性收入和财产性收入相比，家庭经营性收入和工资性收入依然是农村居民最核心的收入来源。另一方面，从农村居民收入结构结果来看，在这一时期转移性收入和工资性收入是农村居民收入增长点，在前些年国家各种惠农政策出台之后，转移性收入呈现出迅猛增长趋势，与之前有所不同的是，财产性收入的年平均增速已经超过工资性收入，成为新的农村居民收入增长点。

表 3 - 5 　　　　　　2013 ~ 2016 年全国农村居民收入结构 　　　（单位：元）

收入类型	2013 年	2014 年	2015 年	2016 年
工资性收入	3652. 50	4078. 76	4460. 51	4778. 61
经营性收入	3934. 86	4162. 45	4366. 72	4511. 64
财产性收入	194. 71	218. 15	243. 88	258. 87
转移性收入	1647. 52	1844. 02	2003. 51	2215. 46

数据来源：国家统计局，由作者整理和计算后得到。

（二）农村居民收入差距变化趋势

收入不平等既包括组内不平等，也包括组间不平等。组间不平等主要用区域、省、区县以及村庄与村庄之间的农民收入水平均值来表示，而组内不平等主要用单个农民收入水平数据计算获得（程名望等，2016）。本章主要是利用国家统计局发布的官方数据以及 CFPS 数据来刻画农村居民收入差距。

农村居民收入及基尼系数情况如表 3 - 6 所示。根据农村居民家庭五等分人均纯收入结果显示，2013~2018 年无论是低收入群体、中等偏下群体、中等收入群体、中等偏上群体还是高收入群体，人均纯收入都呈现出逐年递增趋势，其中，中等偏下群体的人均纯收入年平均增速最快，高达 19.12%，其后依次是中等收入群体、中等偏下群体及高收入群体，年平均增速分别为 18.53%、17.6% 和 15.64%，而增速最慢的是低收入群体，仅为 7.88%。收入基尼系数结果显示，农村居民依然存在较高的收入差距。[①] 按照年份来看，基尼系数呈现出逐年增加的趋势。

表 3 - 6　　　2013~2016 年农村居民家庭五等分人均纯收入及基尼系数　（单位：元）

年份	低收入群体	中等偏下群体	中等收入群体	中等偏上群体	高收入群体	农村基尼系数
2013	2583.2	5516.4	7942.1	11373	21272.7	0.42
2014	2768.1	6606.4	9503.9	13449.2	23947.4	0.42
2015	3085.6	7220.9	10310.6	14537.3	26013.9	0.41
2016	3006.5	7827.7	11159.1	15727.4	28448	0.42

数据来源：国家统计局，由作者整理和计算后得到。

三、中国农村居民收入差距的来源分解

第三章前面内容分析了我国居民收入差距的演变过程和收入差距现状，接下来本部分将按照来源对收入进行分类，从分项收入角度分析我国居民收入及收入差距的组成，利用 CFPS 数据来讨论我国农村居民收入差距的来源分解。

（一）中国农村居民总收入和分项收入情况

表 3 -7 给出了 CFPS 数据中各年份收入分布的情况，整体来看全国、

---

① 学界普遍认为基尼系数超过 0.4 就处于收入差距较大的区间。

城镇和农村的总收入都呈现出上升趋势，其中全国的总收入由 2010 年的 30102.57 元上升至 2016 年的 48430.4 元，年均增幅高达 8.24%。我国的人均收入世界排名由 2010 年的世界第 124 位上升至 2019 年的世界第 71 位，这说明我国居民收入逐年提高。这和我国经济发展的百年目标相一致，即在 2020 年实现相对 2010 年的人均收入翻一番，全面建成小康社会。总体来说，在我国整体收入不断上升的同时，农村收入增长速度已经超过城镇。其中城镇地区总收入由 2010 年的 36216.59 元上升至 2016 年的 55830.35 元，年均增速 7.48%，而农村地区总收入由 2010 年的 24454.66 元上升至 2016 年的 39703.44 元，年均增速为 8.41%。这反映了我国居民整体收入实现了较大增长，与城镇地区相比，农村地区收入增长速度更快。

进一步，本书从各分项收入进行分析，有助于更好厘清我国各项收入变动的特征事实。其中全国层面的工资性收入由 2010 年的 22675.26 元上升至 2016 年的 38291.6 元，年均增速为 9.13%，要高于同期总收入水平，说明我国收入水平上升主要体现为工资收入水平持续性提高，这和共同富裕目标相一致，即劳动者通过付出劳动时间能够获取更高的劳动报酬。城镇地区工资收入水平则由 2010 年的 31290.88 元上升至 2016 年的 46071.72 元，年均增速为 6.66%，整体来看略低于全国地区工资性收入的上涨速度。农村地区工资收入水平由 2010 年的 14716.46 元上升至 2016 年的 29616.86 元，年均增速为 12.36%，表明农村地区工资收入的上升速度要高于城镇地区，这与收入绝对值有关。由于城镇地区工资收入的绝对数值显著高于农村地区，而农村地区收入基数相对较低，相同幅度增长将呈现出更高的增长速度。

就经营性收入而言，全国地区经营收入由 2010 年的 6678.1 元上升至 2016 年的 9022.92 元，年均增速仅为 5.14%，与同期工资收入的年增速相比低 3.1%。这和我国经济现状有关，即居民消费能力相对不足，工资性收入成为居民收入的主要来源。城镇地区经营性收入由 2010 年的 3902.22 元上升至 2016 年的 8733.96 元，年均增速为 14.37%，而农村地区经营性收入则出现下降趋势，由 2010 年的 9434.74 元降低至 2016 年的 8888.66 元。这一现象反映了我国经营性收入的城乡变化，即城镇地区经营性收入呈逐渐上升的趋势，而农村地区经营性收入呈逐渐下降的趋势，这可能和农村地区居民的工作倾向有关，随着农村地区信息基础设施日趋健全，更多农村居民从事工资性收入工作,农业从业人员有所降低,进而导致农村地区经营性收入出现下降。

再来看财产性收入和转移收入,城镇和农村地区变动数量相对较少,且变动规模较小,侧面印证了目前农村居民财产性收入和转移性收入占总收入比重偏低,即农村居民收入仍以工资性收入和经营性收入为主。

表3-7　　　　　　　　全国层面和分城乡层面的收入分布　　　　　（单位:元）

年份	地区	工资性收入	经营性收入	财产性收入	转移性收入	总收入
2010	全国	22675. 26	6678. 1	473. 19	176. 01	30102. 57
	城镇	31290. 88	3902. 22	826. 78	196. 71	36216. 59
	农村	14716. 46	9434. 74	146. 56	156. 9	24454. 66
2014	全国	30922. 12	7961. 18	201. 63	186. 43	39871. 36
	城镇	35347. 73	6769. 56	142. 94	635. 52	42895. 75
	农村	26811. 35	9059. 25	250. 22	930. 94	37051. 75
2016	全国	38291. 6	9022. 92	328. 05	787. 83	48430. 4
	城镇	46071. 72	8733. 96	318. 35	706. 31	55830. 35
	农村	29616. 86	8888. 66	325. 18	872. 73	39703. 44

数据来源:CFPS 数据库,由作者整理和计算后得到。

表3-8进一步从各类收入占比的角度进行分析,全国层面而言,2010年工资性收入占总收入的比重均在75%以上,且呈现出递增趋势,侧面反映了目前我国居民主要依靠工资性收入的事实。但分城乡结构来看,城镇地区工资性收入占比呈现出一定的下降波动状态,而农村地区工资性收入则呈现出上升趋势,这可能和地区居民收入状况有关。其中城镇地区80%以上收入均为工资性收入,而单纯依靠工资性收入无法维持持续上涨的工资需求,进而使得一部分劳动力流入经营性部门。而农村地区由于工资性收入占比相对较低,市场中工资性就业部门的供需关系尚未达到平衡状态,因此更多的劳动力会涌入到工资相对更高的工资性收入部门中。随着年份变化,财产性收入和转移收入占总收入比例无明显差别,说明财产性收入和转移性收入并不是居民收入持续增加的主要原因。而经营收入的占比则和工资收入呈现出相反变动趋势,说明劳动力在工资收入部门和经营收入部门动态转换。

表 3 – 8　　　　　　　　全国层面和分城乡层面的收入占比分布

年份	地区	工资性收入（%）	经营性收入（%）	财产性收入（%）	转移性收入（%）
2010	全国	75.33	22.18	1.57	0.58
	城镇	86.40	10.77	2.28	0.54
	农村	60.18	38.58	0.60	0.64
2014	全国	77.55	19.97	0.51	0.47
	城镇	82.40	15.78	0.33	1.48
	农村	72.36	24.45	0.68	2.51
2016	全国	79.07	18.63	0.68	1.63
	城镇	82.52	15.64	0.57	1.27
	农村	74.60	22.39	0.82	2.20

数据来源：CFPS 数据库，由作者整理和计算后得到。

（二）中国农村居民总收入和分项收入基尼系数

表 3 – 9 给出了在全国层面、城镇和农村各类收入差距的相关数据。就全国层面而言，工资性收入差距存在一定波动性，整体上有所下降。反观经营性收入差距，全国层面存在较明显的上升趋势。财产性收入差距的变动相对较小，这和前文分析结果相一致，而转移收入差距的波动较大。整体上我国转移收入差距呈上升趋势。

就城镇层面来看，其工资性收入差距在各年份均低于全国层面，表明城镇地区工资性收入差距的差异相对较小，且从时间趋势来看，城镇地区工资性收入差距呈现出下降趋势。而农村地区工资性收入差距在各年份均要高于城镇地区，从时间趋势来看同样呈现出下降趋势，但相对较为缓慢。这可能和区域间就业机会差异有关，由于城镇地区生产要素相对更多，且地区投资性活动较多，即城镇地区劳动者的就业机会更多，在一定程度上降低了城镇地区工资性收入差距。

经营层收入差距则呈现出相反的趋势，其中城镇地区经营性收入差距在各年份均高于农村地区。从时间变动趋势来看，城镇和农村地区经营性收入差距均呈现出一定的波动状态。这可能和区域间就业机会有关，农村地区经营性活动相对较少，且市场竞争程度远低于城镇地区，导致农村地区经营性收入差距相对较低。转移收入差距和财产性收入差距的变动同样呈现出波动

状态，这主要与财产性收入和转移性收入来源的样本量较少有关，个别居民
财产性收入和转移性收入的变动导致样本整体的基尼系数呈现出较大波动。

表 3-9 全国及城乡层面基尼系数

年份	地区	工资性收入	经营性收入	财产性收入	转移性收入	总收入
2010	全国	0.5	0.61	0.69	0.56	0.5
	城镇	0.47	0.73	0.65	0.51	0.5
	农村	0.48	0.56	0.7	0.54	0.48
2014	全国	0.44	0.68	0.7	0.64	0.5
	城镇	0.44	0.69	0.75	0.7	0.48
	农村	0.44	0.66	0.65	0.59	0.51
2016	全国	0.46	0.72	0.7	0.66	0.52
	城镇	0.44	0.7	0.71	0.72	0.48
	农村	0.48	0.69	0.68	0.6	0.54

数据来源：CFPS 数据库，由作者整理和计算后得到。

上述数据揭示了总收入和各类收入差距的现状，各项细分的收入差距
共同构成了总收入的不平等，因此区分各类收入差距的重要性能够为精准
降低收入差距提供有效借鉴。为此，本书根据收入的构成进行划分，假设
家庭 i 的人均总收入 Y_i 包括 K 种来源：$Y_i = \sum_{k=1}^{K} y_{ik}$，根据夏洛克斯（Shor-
rocks，1982）的研究，总收入的基尼系数 G 可以表示为：

$$G = \sum_{k=1}^{K} S_k G_k R_k \qquad (3-6)$$

式（3-6）中，S_k 表示来源为 k 的收入在总收入中的占比，G_k 表示来源
为 k 的收入不平等，用基尼系数测算，R_k 表示 k 来源收入的基尼系数和总收
入基尼系数的相关系数（$R_k = \text{cov}\{y_k, F(y)\}/\text{cov}\{y_k, F(y_k)\}$），其中，$F(y)$
代指总收入，$F(y_k)$ 代指来源为 k 的收入的累积分布函数。

按照论证（Stark et al.，1986），k 来源收入对总收入差距的影响依赖于
S_k、G_k 和 R_k。一般而言，如果 S_k 较大，则 k 来源收入可能对总收入 G 的影响
也较大，但如果该项收入平等分配，即 $G_k = 0$，则 k 来源收入对 G 的影响为
0。另一方面，如果 S_k 和 G_k 都较大，则 k 来源收入有可能增加或减小总收入
的不平等程度，这取决于 k 来源收入在不同家庭的分布情况 R_k。如果 k 来源

收入分布严重不均，而且更多地集中于高收入组家庭（即 R_k 大于 0，且较大），则 k 来源收入的增长会恶化不平等状况；反之，如果 k 来源收入更多地集中于低收入组家庭，则 k 来源收入的增长会改善不平等状况。

假设 k 来源收入发生微小变化 $e\,y_k$，对式（3 – 6）求导，得到基尼系数 G 对 k 来源收入变化 e 的偏导数：

$$\frac{\partial G}{\partial e} = S_k(G_k R_k - G) \qquad (3-7)$$

经整理得到 k 来源收入的变化对总收入差距的影响：

$$\varepsilon_k = \frac{\partial G/\partial e}{G} = \frac{S_k G_k R_k}{G} - S_k \qquad (3-8)$$

相应的计算结果如表 3 – 10 所示，表 3 – 10 的英文字母分别指代的意思如下：S_k 指的是人均总收入的来源构成，G_k 指的是不同来源收入差距指标，R_k 指的是不同来源收入的分布情况，$Share$ 指的是不同来源收入对人均总收入差距的贡献度。

从 S_k 和 $Share$ 数据来看，2010～2016 年工资性收入的占比贡献最高，随后分别是经营性收入、转移性收入和财产性收入。与 2010 年相比，2014 年工资性收入和转移性收入占比以及对总收入差距的贡献均在提高，经营性收入却在下降。其中，以工资性收入为例，其对总收入差距的贡献从 2010 年的 78.98% 上升到 2016 年的 80%。

从 G_k 来看，不平等程度最高的是财产性收入，其次按顺序分别是转移性收入、经营性收入和工资性收入。

从 R_k 来看，2010 年工资性收入更多地集中于高收入组家庭，随后分别是财产性收入、转移性收入和经营性收入；2014 年工资性收入依然更多地集中于高收入组家庭，随后分别是转移性收入、财产性收入和经营性收入。

从 2010 年到 2016 年，总收入的基尼系数呈上升趋势，说明农村家庭收入差距情况逐渐加重。如果不考虑其他来源收入，2010 年工资性收入、财产性收入和转移性收入的增加会使总收入差距状况（基尼系数）扩大，而增加经营性收入会缩小总收入差距的状况；2014～2016 年增加工资性收入会造成总收入差距状况的恶化，而增加财产性收入、经营性收入和转移性收入会带来总收入差距状况的改善。

表 3 - 10　　　　　　　总收入基尼系数的收入结构分解

年份	收入来源	S_K	G_K	R_K	Share	E_k
2010	工资性收入	0.75	0.6	0.93	0.79	0.037
	经营收入	0.23	0.8	0.57	0.19	-0.032
	财产收入	0.02	0.98	0.66	0.02	0.003
	转移收入	0.01	0.95	-0.19	-0.002	-0.01
	总收入		0.53			
2014	工资性收入	0.78	0.6	0.92	0.794	0.02
	经营收入	0.2	0.85	0.64	0.201	0.001
	财产收入	0.01	0.98	0.32	0.003	-0.002
	转移收入	0.02	0.81	0.08	0.002	-0.017
	总收入		0.54			
2016	工资性收入	0.79	0.61	0.93	0.8	0.009
	经营收入	0.19	0.88	0.66	0.19	0.006
	财产收入	0.07	0.97	0.46	0.01	-0.001
	转移收入	0.02	0.86	0.09	0.002	-0.01
	总收入		0.56			

数据来源：CFPS 数据库，由作者整理和计算后得到。

第三节　互联网与农村居民收入差距的相关性分析

在分析了中国农村地区居民收入、收入差距和互联网发展及使用现状后，本节主要分析农村居民收入差距和互联网发展之间是否存在相关关系。在进行分析之前，首先对两者之间的相关性进行描述，通过绘制散点图来分析收入差距和互联网之间可能存在的相关关系。

一、农村居民使用互联网及收入情况

基于 CFPS 数据估计出表 3 - 11，可以看出 2010 ~ 2016 年使用互联网和未使用互联网的农村居民收入之间存在的差异。在家庭人均总收入方面，

2010～2016 年使用互联网的家庭人均总收入均高于未使用互联网的家庭人均总收入。2010 年、2014 年和 2016 年使用互联网比未使用互联网的农村居民人均收入分别高出 16403.49 元、14875.73 元和 27123.01 元。根据收入来源来划分，工资性收入本身在总收入中所占比重最大，从而使用互联网与未使用互联网对农村居民带来的工资性收入差距最大。分年份来讨论，2010 年、2014 年和 2016 年使用互联网比未使用互联网的农村居民工资性收入分别高出 14547.32 元、12940.53 元和 19892.4 元。由此可见使用互联网的农村居民与未使用互联网的农村居民之间的工资性收入差距很大，同时整体呈现出递增趋势。

在经营性收入方面，2010 年使用互联网的农村居民人均经营性收入为 12810.04 元，而未使用互联网的农村居民人均经营性收入为 11252.64 元。总体来说，无论是在工资性收入、经营性收入，还是在财产性收入方面，使用互联网的农村居民均高出未使用互联网的农村居民。从数据描述性统计来看，2010 年使用互联网的农村居民人均经营性收入的样本共计 1350 个，其中 1315 个样本的收入为 0；2010 年未使用互联网的农村居民人均经营性收入的样本共计 12004 个，其中 11889 个样本的收入为 0。尽管大量样本的经营性收入为 0 导致样本总体均值偏小，然而结合国家统计局数据来看，依然可以得出结论：工资性收入和经营性收入在总收入中所占比重较大。因此本书认为数据库的样本统计结果具有一定可信性。

表 3 - 11　　基于 CFPS 互联网使用情况样本农村居民收入情况　　（单位：元）

农村居民收入（均值）	2010 年	2014 年	2016 年	2010 年	2014 年	2016 年
	使用互联网			未使用互联网		
家庭人均总收入	43413.16	57331.01	70649.97	27009.67	42455.28	43526.96
工资性收入	30062.29	43496.91	53138.22	15514.97	30556.38	33245.82
经营性收入	12810.04	12646.22	16165.42	11252.64	10698.27	9880.13
财产性收入	407.32	297.85	619.3	100.12	244.2	297.56
转移性收入	133.51	890.02	727.03	141.95	956.43	898.45

数据来源：CFPS 数据库，由作者整理和计算后得到。

二、互联网发展与农村居民家庭人均收入差距的相关性

根据前文中提到的关于收入差距的测度方式，用农村居民家庭人均收入的基尼系数来测度收入差距，数值越大，不平等程度越高。互联网的测度则选用区县层面的互联网普及率。① 把区县层面的互联网普及程度与农村居民收入差距水平放在同一坐标系中绘制散点图和拟合曲线，如图 3－5 所示，随着互联网普及率的提高，农村居民的收入差距程度逐步上升。

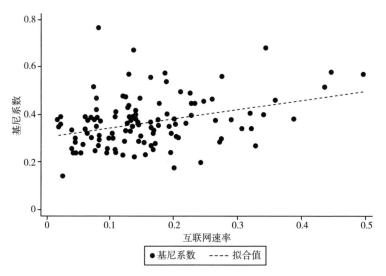

图 3－5　2010 年互联网和农村居民家庭收入差距的散点图和拟合曲线

如图 3－6 所示，2014 年中国农村居民的收入差距与互联网之间呈现线性关系，即随着互联网普及程度的提高，农村居民的收入差距程度逐步上升。与 2010 年相比，2014 年互联网普及对农村居民的收入差距增强的程度有所减弱。

如图 3－7 所示，与 2010 年和 2014 年所展现出的趋势相似，2016 年中国农村居民的收入差距与互联网之间呈现线性关系，即随着互联网普及率提高，农村居民的收入差距程度逐步升高。

---

　① 区县层面的互联网普及率为 [0，1]，区县层面的基尼系数为 (0，1)。

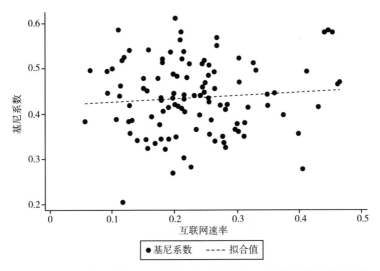

图 3 - 6　2014 年互联网和农村居民家庭收入差距的散点图和拟合曲线

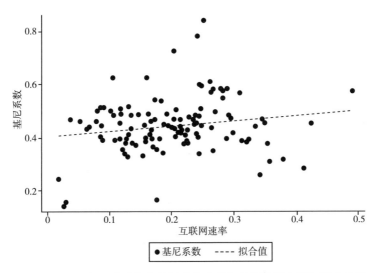

图 3 - 7　2016 年互联网和农村居民家庭收入差距的散点图和拟合曲线

本章小结

　　本章使用国家统计局发布的统计数据和 CFPS 数据，分别对中国农村居民互联网使用和收入差距现状进行分析测度，并根据互联网使用情况来划分样本，分类研究两个样本中农村居民的收入和收入差距情况，形成初步的判断，为后面的实证分析打好基础。

虽然我国农村居民收入呈现持续增加趋势，但是收入差距依然维持在较高水平。在我国农村居民收入方面，2010～2016年农村居民收入呈逐渐增加趋势。分区域来看，东部、中部和西部地区农村居民收入随时间推移依然保持增加趋势。分收入类型来看，工资性收入和经营性收入在总收入中占比较大。在我国农村居民收入差距方面，2013～2016年农村居民收入差距均处于（0.4,0.5]这一区间，即处于收入差距程度较高区间，从数据上看基尼系数逐年呈现增加态势。此外，从2015年开始，农村居民收入差距逐渐加大。

中国农村居民上网人数呈增加趋势。从2012年到2016年，使用互联网的农村网民从1.56亿人增加到2.01亿人，涨幅达28.85%。从农民居民个体使用互联网情况来看，使用互联网的农村居民收入普遍高于未使用互联网的农村居民的收入，分收入结构来看依然可得出同样结论。

工资性和经营性收入差距对总收入差距的贡献度较高。本章主要描述了不同类型收入差距的现状，并从全国和区域层面对目前我国各类收入差距的现状进行概括分析，了解不同类别收入差距的变动趋势，有助于加强对各类收入差距事实特征的把握。

互联网与农村居民家庭人均收入差距呈现正相关关系。分年份来看，互联网和农村居民收入差距之间存在正相关关系，即互联网普及程度越高，农村居民收入差距越趋向于恶化。

第四章

互联网发展对农村居民收入差距的影响

第三章分析发现，当前我国农村居民上网人数呈增加趋势，同时收入差距依然维持在较高水平，并且工资性和经营性收入差距对总收入差距的贡献度较高。然而我们对互联网发展是否影响了农村居民收入差距，以及互联网发展是否影响分项收入差距仍然所知甚少。为了了解互联网发展对农村居民收入差距以及分项收入差距的影响，本章考察互联网发展对农村居民收入差距的影响。现有研究发现互联网发展对个体收入有显著影响，除非这种收入效应是完全同质的，否则，收入效应的异质性必然导致收入差距程度发生变化。如果互联网发展主要提高了高技能人口的收入，或者主要影响了某种类型的收入，例如工资性收入，那么互联网发展在提高个体收入的同时，必然会因为其异质性的收入效应导致收入差距扩大。此外，前文分析显示，农村居民收入差距主要是由工资性收入和经营性收入的差距贡献的，那么，互联网发展如果影响收入差距，其主要影响渠道应该是工资性收入或经营性收入。鉴于此，本章将首先估计互联网发展对农村居民收入差距的影响，继而针对不同收入类型和不同特征群体进行异质性分析，为理解互联网发展对收入差距的影响提供理论和经验证据，并为通过政策干预降低收入差距提供借鉴。

本章的结构安排如下：第一节是给出了互联网发展影响农村居民收入差距的理论框架和研究假设；第二节是互联网发展影响农村居民收入差距的实证分析；第三节是考察了互联网发展对农村居民分项收入差距的影响；第四节初步检验了互联网发展影响农村居民收入差距影响的机制，重点考察了互联网发展对不同收入分位数水平上收入的影响，以及对不同受教育水平农村居民收入的影响；最后一节是结论。

第一节　理论框架与研究假设

共同富裕是普遍富裕，指的是通过辛勤劳动和相互帮助之后，全体人民过上丰衣足食的生活。根据第七次全国人口普查公报，截至 2020 年，我国农村地区常住人口在 5 亿人左右，按照户籍划分的农村人口规模则仍然高达 7.7 亿人。实现共同富裕，离不开广大农村人口的普遍富裕。党的十九大报告强调，关系国计民生的根本在于农民问题，解决"三农"问题是全党工作的重点内容。实施乡村振兴战略，其中很重要的一个目的是提高农民收入，振兴农村经济。为保障农民收入持续稳定增长、缩小收入差距，党和政府在推动农村互联网基础设施建设上投资巨大。因此，考察互联网发展对农村居民收入差距的影响具有重要的现实意义。本节在现有文献的基础上给出互联网发展影响农村居民收入差距影响的理论框架，并在此基础上提出研究假设。

一、理论框架

根据技能偏向理论，当技术进步时，相较于非技能劳动力，技能劳动力可以更好地适应信息技术，使企业对技能劳动力的需求增加，进而增加技能劳动者的收入和就业（Katz and Murphy，1992；Krueger，1993）。目前多数学者认为互联网技术是一种典型的技能偏向性技术进步。信息技术偏向于高技能劳动者，随着信息技术的发展和普及，企业对高技能劳动者的需求增加，从而使技能劳动者和非技能劳动者之间的收入差距扩大。有学者尝试用搜寻理论来解释信息不完全。根据搜寻理论，互联网使用为厂商和消费者缩短了交易时间，有助于参与交易的双方提高效率（Stigler，1962）。互联网使用突破了以往信息传播的时间和空间限制，拓宽了农村居民的信息获取渠道并丰富了农村居民可以得到的信息资源，降低信息不对称程度。农户通过使用互联网获取市场价格信息并通过上网进行交易，实现农村居民的收入增长。在农民劳动类型的选择方面，家庭成员需要根据自身优势来选择可以获得最高工资水平的劳动。互联网使用会通过改变农民获取信息的方式和获取信息的数量，改变家庭的收入结构和收入水平（Low，1986）。互联网技术还将人们从传统的机械劳动中解放出来，有助于提高个体生产效率和工作效率（Krueger，1993）。互联网的使用不仅可以提高劳动力的生产效率和工作效率，还能帮助劳动者获得丰富的信息资源，降低交易成本，这些都有助于包括农民在内的劳动者获得更高收入。

具体地，首先，互联网发展有助于农民提高工资性收入。传统经济学假设"经济人"拥有完全信息，这显然与现实生活相背离，每个人只掌握不完全信息。信息不对称理论很好地解释说明了互联网是如何解决信息不完全的问题。一方面，在职业搜寻和匹配的过程中，互联网有助于农村居民快速获取有价值的就业信息，降低技能错配的概率，确保自身能力在满足工作要求的基础上，从工作中获取更高的回报，即获取更高的工资性收入。另一方面，互联网在信息处理和信息使用方面存在优势，有助于农村居民在工作中提高工作效率和生产力，帮助其在工作中获取更多的收益，即提高工资性收入。陈玉宇、吴玉立（2008）发现从事服务业和制造业的人群通过电脑带来的工资回报率更大。

其次，互联网发展有助于农民提高经营性收入。互联网在资源和信息获取方面具有优势，互联网能够提供及时海量的信息及多元化的社交方式，这些能够为创业者提供更多的学习机会（Tsai，2001）。互联网发展给农民创业带来了新机会，基于互联网的融资平台通过强化信用风险的约束机制，有效地解决农民创办小微企业融资难问题（王立娜，2016）。黄筱或等（2018）从理论上探讨了数字信息技术和创业的逻辑关系，发现数字信息技术通过改变市场参与主体的经营和组织形式，创造了大量创业机会，有助于开展创业活动。此外，农民创业仍存在政策滞后、资金短缺等挑战。从理论上讲，互联网发展会影响农村居民家庭创业决策，进而帮助其增加经营性收入。

在厘清互联网发展如何影响收入后，我们来看互联网发展如何影响收入差距。阿西莫格鲁（Acemoglu，2002）提出了一个旨在分析技术进步对劳动力市场影响的理论模型，指出与数字经济相关的技术进步是技能偏向的，高技能劳动者可以更好地适应和利用信息技术，为了更好地适应技术进步，企业会增加对高技能劳动者的需求，需求增加会进一步增加高技能劳动者就业机会和收入。低技能劳动者无法更好地适应和利用信息技术，导致企业对其需求减少，就业机会和收入相对高技能劳动者减少。可见，互联网发展会扩大技能工资溢价，从而扩大收入差距。

信息不对称理论告诉我们，每个人所掌握的信息是不完全的，理性经济人为了获取更多信息，就需要投入更大的信息搜寻成本进而加大其成本负担。信息不对称带来的结果是信息占优方可以获取更多收益。由于城乡之间所具备的资源不均衡，城乡之间的数字鸿沟问题始终存在。提高农民群体的收入，需要从信息基础设施建设、信息获取和信息利用三个角度出发，为其提供信息基础。在信息获取和利用方面，需要农村群体能够担负购买信息工具终端的费用，同时还要具备信息使用的技能，即保证其自身文化水平达到信息使用门槛。如无法满足上述条件，农民就无法有效获取和利用信息。那么达到信息使用门槛和未达到信息使用门槛的农民群体之间就会产生收入差距。在农村地区内部，农村居民获取信息和应用信息能力不同，其中收入较高和受教育水平较高的农村居民群体获取信息和应用信息能力相对较强，而收入较低和受教育水平较低的农村居民群体获取信息和应用信息能力相对较弱，上述不同群体受到的就业和收入影响效应不同。这种差异可以解释由互联网发展造成的农村居民收入差距。

考虑到我国互联网发展水平存在区域差异，互联网对农村居民收入差距带来的影响存在区域差异。在区域差异的研究中，有学者认为，互联网普及对东部地区的居民收入差距呈现出明显抑制作用，而在中西部地区则表现出不同的结果（程名望、张家平，2019）。也有研究发现，互联网影响收入差距的区域差异体现在东部、中部和西部之间，即对东部和中部地区的影响更大，对西部地区的影响并不显著（刘任等，2020）。在不同区域之间，互联网应用能力更强的地区对居民经济社会生活影响的效应更强，也更有助于缩小收入差距。互联网应用能力受到地区居民受教育程度的影响，体现在居民受教育水平高的东部地区具有更高的互联网应用能力。从工资性收入差距来看，东部地区和中部地区劳动力供需市场的发展相对完善，且农村居民具有较高的互联网应用能力，使得善于利用互联网的个体和不擅长利用互联网的个体较难拉开收入差距，而西部地区的劳动力供需市场的发展相对不完善，对于善于利用互联网的个体而言，可以快速凭借信息优势拉开和其他群体的收入差距，使得互联网发展对西部地区工资收入差距的促进作用更大。从经营性收入差距来看，获取经营性收入与当地营商环境密切相关。东部地区的营商环境更加完善，市场竞争较为激烈，农村居民通过利用互联网进行学习和工作，提高了生产效率，也进一步实现了其经营性收入的增加。而对互联网使用不熟练的居民而言，其所能获取的经营收入有限，导致两者间收入差距扩大。由于中部和西部地区市场竞争强度相对较弱，对于能够熟练使用互联网和不能熟练使用互联网的居民而言，由互联网引致的经营性收入差距的影响变化相对较低。综上所述，互联网发展直接影响收入，进而影响收入差距。要解决收入差距过大的问题，首先要从占比较高的工资性收入和经营性收入[①]出发，探究互联网发展如何影响工资性收入差距和经营性收入差距。[②]

　　具体地，互联网发展对农村居民收入差距的影响如图4-1所示。

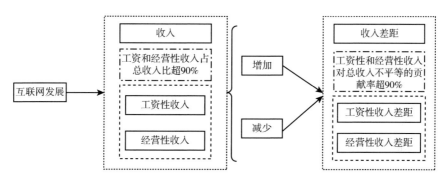

图4-1　互联网发展对农村居民收入差距的影响

二、研究假设

　　作为信息技术和通信技术的集合，信息通信技术不仅改变了信息的传播方式，还拓宽了信息传播范围。如果普通人有探索信息的手段和兴趣，计算机和互联网的接入就能彻底改变他们所能获得的信息量（Araque et al.,

---

　　① 据前文数据，2010年、2014年和2016年工资性收入和经营性收入占总收入的比重分别为98.76%、96.81%和96.99%。

　　② 由于财产性收入和转移性收入占总收入比例较低，在这里不再展开讨论。

2013)。互联网具有技术属性，有助于增加与互联网技术相关的人力资本，从而为其增加就业机会并促进个体收入水平的增加（DiMaggio，2008）。

前文中提到互联网技术可以降低交易成本。具体来说，对于劳动者来说，互联网可以帮助其降低工作中的交易成本，比如通过互联网获取招聘信息，提高求职效率，帮助个人以花费更少的时间和金钱找到合适的工作岗位，从而帮助劳动者提高工资性收入。与前文分析类似，工资性收入差距是扩大还是缩小，取决于受教育水平较低的这类群体是否能够获得更大的边际收益。互联网发展影响农村居民经营性收入，进而影响经营性收入差距。互联网不仅为劳动者获取工资性收入提供了极大便利，还为其获取经营性收入提供便利。市场上涌现出众多网络平台，市场主体可以利用这些互联网平台商业模式克服了时间和地域问题，以最大限度地增加收入。与前文分析类似，经营性收入差距是扩大还是缩小，取决于受教育水平较低的这类群体是否能够获得更大的边际收益。

互联网技术提高了劳动者的工作效率，帮助劳动者获得丰富的信息资源，降低信息不对称程度和交易成本，从而帮助其提高收入水平。然而，我国农村仍有大量居民学历不高，并未受过良好教育，相较于受教育水平较高的农村居民，他们往往不能承担信息费用，或者可能不具备获取和利用信息的能力，这会造成受教育水平较低的群体无法及时有效地将信息转化成生产力和收入，从而在城市和农村群体之间形成数字鸿沟，数字鸿沟使得农村地区成为信息劣势方。作为信息劣势方，农村地区获取信息和应用信息的能力不足，从而阻碍农村居民的就业和收入。在农村地区内部农村居民获取信息和应用信息能力不同，对无法利用互联网的农村居民来说会造成其收入增长滞缓，对能够很好利用互联网的农村居民来说可以为其增加收入，从而改变农村居民的收入差距程度。在我国农村还存在大量低学历群体，他们在互联网使用过程中往往难以受益或者受益较少，与受教育水平相对较高的群体相比，受教育水平较低群体无法获得更大的边际受益，加剧了农村群体内部的收入差距。收入差距程度如何变化，主要看无法利用互联网的农村居民是否能够获得更大的边际受益。

通过上述分析，为研究互联网发展对农村居民收入差距以及分项收入差距的影响作用，本章特提出以下研究假设。

H4-1：互联网发展对农村居民收入产生影响，影响收入差距。

H4-2：互联网发展对农村居民工资性收入产生影响，影响工资性收入差距。

H4-3：互联网发展对农村居民经营性收入产生影响，影响经营性收入差距。

第二节　互联网发展与农村居民收入差距的实证分析

本节将基于CFPS 2010年、2014年和2016年的数据，实证检验互联网发展对于农村居民收入差距的影响。

一、数据来源、样本选取、变量描述和相关性分析

（一）数据来源和样本选择

本节使用的主要数据来自中国家庭追踪调查数据（简称CFPS数据）。CFPS是由北京大学中国社会科学调查中心组织实施的一项全国性、大规模、多学科的社会跟踪调查数据，其采用多阶段、多层次、与人口规模成比例的概率抽样方式（PPS）展开调查。CFPS数据调查包含的人口涉及25个省（自治区、直辖市），该数据库通过分层多阶段抽样设计，使样本所在区域人口数在全国人口数的占比达94.5%。[1] CFPS调查问卷包含家庭问卷、个人问卷和村（居）问卷，分别调查了家庭层面、个人层面和社区层面信息。本节实证分析使用的变量主要来自CFPS数据库家庭问卷和个人问卷部分。

CFPS是跟踪调查，2010年开展了基线调查，2012年、2014年、2016年、2018年和2020年分别进行了追踪调查，其中2020年调查数据尚未公

---

① CFPS未覆盖香港特别行政区、澳门特别行政区、台湾地区、新疆维吾尔自治区、青海省、内蒙古自治区、宁夏回族自治区和海南省。

开对外发布。本节使用的数据来自 2010 年基线调查和 2014 年及 2016 年追踪调查。[①] 根据研究需要，本章对样本进行了筛选：（1）基于国家统计局资料的城乡分类和户口类型，仅保留样本类型为"农村"的样本；（2）剔除年龄大于 60 周岁或小于 18 周岁的样本；（3）剔除相关变量缺失和异常值数据样本。最终使用的样本包括分布在 162 个县区的 3344 个家庭和 16022 人。

（二）变量选取与描述性统计

1. 被解释变量和核心解释变量

农村居民收入差距。目前，学术界主要应用方差计量法、基尼系数计量法和收入距法（Xu，2000；Foster，2010；周广肃等，2014）进行测度。结合以往研究，本章采用基尼系数测度收入差距。本章最终实证分析使用了县级面板数据，具体是通过计算原始家庭层面的数据得到的收入差距，再按照家庭所在县取平均，进而得到县级层面的基尼系数（gini）。[②] 选取县级层面的基尼系数主要基于以下考虑：一是为提高结果的精准度需要尽可能缩小基尼系数的计算范围，在数据选择和使用受限的情况下，本书只能采用这种测度方式；二是已有不少相关研究在测度收入差距时使用区县层面收入差距（周广肃、夏宇锋，2021；朱德云等，2021）。进一步，本章结合收入的不同类别，测算了工资收入差距（ginia）、经营性收入差距（ginib）、财产收入差距（ginic）和转移收入差距（ginid）。为了避免收入差距测算方法对估计结果的干扰，本书还选择了泰尔指数等相关指数作稳健性检验。

互联网普及率。该指标反映一个国家或地区经常使用互联网的人口比例，通常国际上用来衡量一个国家或地区的信息化发达程度。本章主要以区县为单位，根据样本中区县互联网用户数占人口总数比例代表各区县的互联网普及率。[③]

2. 控制变量

借鉴韩长根和张力（2018）的做法，本章控制区县层面和个体层面的

---

① 未使用 2012 年和 2018 年数据的原因是：2012 年数据中未包括互联网使用情况，且 2018 年问卷中并未给出区县顺序码从而无法计算区县层面基尼系数和互联网普及情况。

② 在计算收入不平等的衡量指标时，剔除了样本量小于 5 的区县。

③ 具体测算方式为互联网普及率＝互联网使用人数/总人口数。

相关变量，其中个体控制变量主要包括年龄（*age*）、性别（*gender*）、教育程度（*edu*）、就业状况（*jobness*）、婚姻状况（*marriage*）、健康状况（*health*）、保险购买情况（*insurance*）。家庭控制变量主要包括家庭规模（*familysize*）、是否拥有私营企业（*privatecor*）以及拥有的住房数量（*housenum*）。本章还控制了地区经济发展水平（*GDP*）和产业结构（*IS*）。各变量的主要定义如表4-1所示。

表4-1   变量说明

变量类型	变量名称	变量说明
被解释变量	收入差距	根据区县内每个家庭的人均收入情况测算出该区县的基尼系数
	工资收入差距	通过对家庭层面的工资性收入差距取平均得到县级的工资性收入差距
	经营性收入差距	通过对家庭层面的经营性收入差距取平均得到县级的工资性收入差距
	财产收入差距	通过对家庭层面的财产收入差距取平均得到县级的工资性收入差距
	转移收入差距	通过对家庭层面的转移收入差距取平均得到县级的工资性收入差距
解释变量	互联网普及率	县级层面使用互联网样本总人数/该地区样本总人数
控制变量	年龄	县内个人年龄平均数
	性别	县内个人性别的平均数，其中男性取值为1，女性取值为0
	教育水平	县内个人教育水平的平均值，其中文盲/半文盲=1，小学=2，初中=3，高中=4，大专=5，本科=6，硕士=7，博士=8
	就业类型	县内个人就业类型的平均数，其中私企、外企及其他=0，国企、公务员、事业单位=1
	婚姻状况	县内个人婚姻状况的平均数，其中未婚、丧偶、离婚、同居=0，已婚（有配偶）=1
	健康水平	县内个人健康水平的平均数，其中不健康=1，一般=2，比较健康=3，很健康=4，非常健康=5
	保险情况	县内家庭保险的平均数，其中有保险=1，没有=0
	家庭规模	县内家庭人口数量的平均数
	私营企业	县内家庭私营企业的平均数，有私营企业=0，没有私营企业=1

变量类型	变量名称	变量说明
控制变量	住房数量	县内家庭住房数量的平均数,采用除现住房拥有房产的数量进行测算
	GDP	县的实际 GDP 取自然对数
	产业结构	第三产业产值/第二产业产值

表 4-2 报告了主要变量的样本描述性统计结果。结果显示,收入基尼系数的最大值为 0.844,最小值为 0.142,标准差为 0.103,工资性收入基尼系数的最大值为 0.884,标准差为 0.067,经营性收入基尼系数的最大值为 0.922,标准差为 0.135,财产性收入基尼系数的最大值为 0.702,标准差为 0.166,转移性收入基尼系数的最大值为 0.887,标准差为 0.123,表明我国农村居民收入差距过大的问题依然存在;互联网普及率的最大值为 0.495,最小值为 0.018,标准差为 0.097,这说明当前我国农村地区的互联网普及率整体较低,同时还存在巨大的区域差异。

控制变量中,年龄均值为 43.69 岁,在 40~46 岁之间,说明大部分调查对象处于中年阶段。受教育水平的均值为 2.286,这表明样本平均教育程度介于小学和初中之间。性别的均值为 0.489,说明样本中男性比例略低于女性。就业类型均值均小于 0.1,说明样本就职于国企、公务员、事业单位的人数较少。此外,样本中处于已婚状态的群体占多数,健康水平主要介于比较健康和很健康之间。样本中购买保险的人数比例较大,样本中家庭规模主要是 4~5 人。样本群体中拥有私人企业的人数比例较少。

表 4-2   变量的描述性统计

变量	均值	中位数	标准差	最小值	最大值
收入差距	0.416	0.411	0.103	0.142	0.844
工资性收入差距	0.425	0.413	0.067	0.296	0.884
经营性收入差距	0.563	0.561	0.138	0.097	0.922
财产性收入差距	0.411	0.386	0.116	0.142	0.702
转移性收入差距	0.517	0.507	0.113	0.154	0.887
互联网普及率	0.195	0.186	0.097	0.018	0.495
年龄	43.69	43.85	3.529	33.16	54

续表

变量	均值	中位数	标准差	最小值	最大值
性别	0.489	0.483	0.09	0.286	0.868
教育水平	2.286	2.289	0.387	1.222	3.205
就业类型	0.021	0.008	0.032	0	0.240
婚姻状况	0.928	0.938	0.051	0.789	1
健康水平	3.379	3.171	0.689	1.842	4.929
保险情况	2.150	0.974	1.772	0.0313	5
家庭规模	4.569	4.545	0.859	2.576	7.846
私营企业	0.071	0.048	0.08	0	0.421
住房数量	0.167	0.129	0.144	0	0.840
GDP	7.291	7.202	1.050	5.491	10.25
产业结构	1.428	1.220	0.808	0.397	5.680

数据来源：CFPS 2010 年、2014 年和 2016 年，以及各年度全国统计年鉴、各县级统计年鉴。

（三）相关性分析

在分析了中国农村地区居民收入、收入差距和互联网发展及使用现状后，本节主要分析收入差距和互联网发展之间是否存在相关关系。在分析之前，首先对两者之间的相关性进行描述，通过绘制收入差距和互联网之间的散点图，来分析收入差距和互联网之间可能存在的相关关系。根据前文提到的关于收入差距的测度方式，用农村居民家庭人均收入的基尼系数来测度收入差距，数值越大，收入差距越大。互联网的测度则选用区县层面的互联网普及率。[①] 把区县层面的互联网普及程度与农村居民收入差距水平放在同一坐标系中绘制散点图和拟合曲线，如图 4-2 所示，随着互联网普及程度的提高，农村居民的收入差距程度逐步上升。

如图 4-3 所示，2014 年中国农村居民的收入差距与互联网之间呈现线性关系，即随着互联网普及程度的提高，农村居民的收入差距程度逐步上升。与 2010 年相比，2014 年互联网普及对农村居民的收入差距增强的程度有所减弱。

---

① 区县层面的互联网普及率介于 [0，1] 之间；区县层面的基尼系数介于 (0，1) 之间。

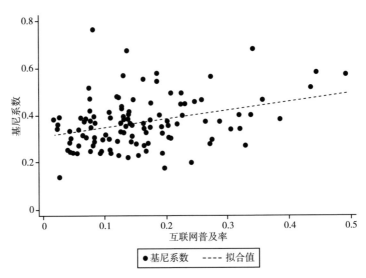

图 4 - 2   2010 年互联网和农村居民家庭收入差距的散点图和拟合曲线

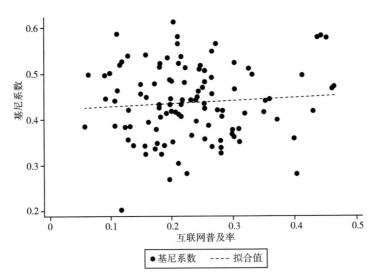

图 4 - 3   2014 年互联网和农村居民家庭收入差距的散点图和拟合曲线

　　如图 4 - 4 所示，与 2010 年和 2014 年所展现出的趋势相似，2016 年中国农村居民的收入差距与互联网之间呈现线性关系，即随着互联网普及程度的提高，农村居民的收入差距程度逐步升高。

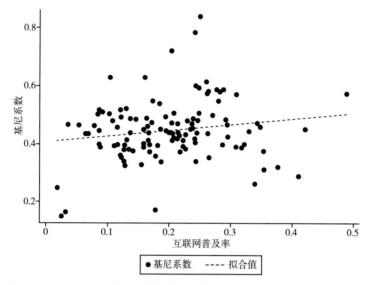

图 4 - 4　2016 年互联网和农村居民家庭收入差距的散点图和拟合曲线

二、基准回归分析

本节使用面板数据固定效应模型估计互联网发展对农村居民收入差距的影响，具体地，本节估计如下方程：

$$gini_{it} = \beta_0 + \beta_1 internet_{it} + \beta_2 X_{it} + \delta_i + \mu_{iy} \qquad (4-1)$$

式（4-1）中，$gini_{it}$ 表示区县 i 在第 t 年的总收入基尼系数，$internet_{it}$ 表示区县 i 在第 t 年的互联网普及率，X_{it} 代表一组控制变量，包括前文提到的区县层面和个体层面的相关变量，其中个体控制变量主要包括年龄（age）、性别（gender）、教育程度（edu）、就业状况（jobness）、婚姻状况（marriage）、健康状况（health）、保险购买情况（insurance）。家庭控制变量主要包括家庭规模（familysize）、是否拥有私营企业（privatecor）以及拥有的住房数量（housenum）。本节还控制了地区经济发展水平（GDP）和产业结构（IS）。δ_i 表示县区固定效应。本节重点关注互联网普及率的回归系数 β_1，若 β_1 为正则表示互联网会加剧农村居民内部收入差距；β_1 为负则表示互联网能够降低农村居民内部收入差距。

在进行面板回归分析之前，本节首先基于历年横截面数据，估计各年份互联网发展与收入差距的横截面关系，相应的估计结果见表4-3所示。

表4-3第（1）列估计结果显示互联网普及率每增加1个百分点，收入基尼系数会显著增加0.268个百分点，结果在5%的水平上统计显著。结合第（2）列和第（3）列结果可知，互联网普及率的回归系数均不显著，说明2014年和2016年互联网普及率对于农村居民收入差距的影响效果不显著。这表明互联网普及率对于农村居民收入差距的影响随时间有较大变化。

表4-3　　　　　　互联网发展与收入差距：横截面估计结果

变量	（1） 2010年	（2） 2014年	（3） 2016年
互联网普及率	0.268 ** (0.12)	0.112 (0.10)	0.204 (0.15)
性别	-0.003 (0.00)	-0.002 (0.00)	-0.001 (0.00)
年龄	0.093 (0.11)	0.159 * (0.08)	0.150 (0.11)
受教育水平	0.023 (0.03)	-0.011 (0.02)	0.041 (0.03)
工作性质	-0.069 (0.27)	0.769 ** (0.31)	-0.018 (0.52)
婚姻状况	0.058 (0.20)	-0.261 (0.16)	0.127 (0.22)
健康水平	0.012 (0.04)	0.007 (0.02)	-0.081 *** (0.03)
保险情况	-0.025 (0.07)	0.138 (0.10)	0.049 ** (0.02)
家庭规模	-0.017 (0.01)	-0.007 (0.01)	-0.002 (0.01)
私营企业	0.337 * (0.20)	0.213 ** (0.10)	0.131 (0.13)
住房数量	-0.004 (0.08)	0.047 (0.05)	-0.016 (0.08)

续表

变量	（1）	（2）	（3）
	2010 年	2014 年	2016 年
GDP	-0.004 (0.01)	-0.012 (0.01)	0.004 (0.01)
产业结构	0.003 (0.01)	0.008 (0.02)	-0.009 (0.02)
固定效应	是	是	是
观测值	116	109	118
R^2	0.169	0.241	0.162

注：括号内数值表示估计系数的标准误；"＊"表示在 10% 的统计水平下显著，"＊＊"表示在 5% 的统计水平下显著，"＊＊＊"表示在 1% 的统计水平下显著。

　　然而，简单的横截面分析无法控制不易观测的个体层面特征，而这些特征可能同时影响区县层面的互联网普及及基尼系数水平，此时估计的"互联网"回归系数易存在偏误，进而影响本书估计结果的可靠性。面板数据的优点包括：一是能够解决遗漏变量问题；二是样本容量较大。遗漏变量偏差问题十分普遍，面板数据对于解决遗漏变量问题具备优势，特别是如果遗漏变量是不随时间而改变的个体差异（陈强，2014）。表 4 - 4 列出了面板数据的估计结果。结果显示，从 2010 ~ 2014 年数据来看，互联网发展对农村居民收入差距影响的回归系数为 0.385，且在 5% 的水平下显著，表明互联网普及率的提高加剧了农村居民收入差距水平。从 2010 ~ 2016 年数据来看，互联网发展对农村居民收入差距影响的回归系数为 0.458，且在 1% 的水平下显著，表明互联网普及率的上升加剧了农村居民收入差距水平，且影响效果明显高于第（1）列的结果，这说明互联网普及率对加剧居民收入差距的影响逐渐增强。

表 4 - 4　　　　　互联网发展与农村居民收入差距：面板数据基准回归

变量	（1）	（2）
	2010 ~ 2014 年	2010 ~ 2016 年
互联网普及	0.385 ＊＊ (0.18)	0.458 ＊＊＊ (0.14)
控制变量	是	是

续表

变量	(1)	(2)
	2010~2014 年	2010~2016 年
固定效应	是	是
观测值	225	343
R^2	0.370	0.272

注：括号内数值表示估计系数的标准误；"*"表示在 10% 的统计水平下显著，"**"表示在 5% 的统计水平下显著，"***"表示在 1% 的统计水平下显著。

三、内生性问题

本书估计结果可能存在内生性问题，这可能来自两个方面。一是变量测度误差造成的内生问题，本节实证分析所使用的数据是通过家庭层面加权所得到的县级数据，而权重的大小可能影响最终实际数据，因此此前的估计结果可能存在相关变量测度误差所导致的内生性问题。二是逆向因果导致的内生性问题。由于互联网技术具有非对称性分布特征，那些通过互联网技术享受互联网积极效应的地区，其更有可能积极发展互联网，反之互联网对于居民的作用效果比较相近，这可能会降低互联网等信息技术的发展速度。因此逆向因果可能会导致本书估计结果存在偏误。为了解决模型中可能存在的内生性问题，本书采用两阶段最小二乘法进行分析。借鉴朱秋博等（2022）的研究思路，采用县区是否有国家"八纵八横"光缆干线通过作为工具变量。具体地，若该县有国家"八纵八横"光纤通过，则该虚拟变量取值为 1，否则取值为 0。国家"八纵八横"光缆干线网于 2000 年建成，为后期固定电话和移动运营业务提供了基础网络（汤博阳，2008）。因此，村庄是否有国家"八纵八横"光缆干线通过很可能满足工具变量外生性和相关性的要求。由于该变量不随时间变化，本书参考已有文献，引入该变量和时间的交乘项，作为最终回归的工具变量（Meng et al.，2015），相应的回归估计结果如表 4-5 所示。结果显示，在进行工具变量回归后，互联网普及率的回归系数均显著为正，这说明内生性并不会影响本书的估计结果。此外，工具变量的过度识别检验和弱工具变量检验均表明工具变量的选取是有效的。

表 4 - 5　　　　　　　　　　固定效应模型的估计结果

变量	(1)	(2)
	2010～2014 年	2010～2016 年
互联网普及率	2.114 ***	3.249 ***
	(0.60)	(0.68)
控制变量	是	是
固定效应	是	是
观测值	214	343
过度识别检验	17.090 ***	24.955 ***
弱工具变量检验	17.868 ｛16.38｝	26.446 ｛16.38｝

注：括号内数值表示估计系数的标准误；"＊"表示在 10% 的统计水平下显著，"＊＊"表示在 5% 的统计水平下显著，"＊＊＊"表示在 1% 的统计水平下显著。其中过度识别检验在 5% 的水平下显著说明不存在过度识别问题，弱工具变量检验括号内的值为 10% 显著性水平下的临界值。

四、稳健性检验

为了进一步提高本书估计结果的可靠性，本书将从以下三个方面进行稳健性检验。一是更换收入差距的测算方式。采用卡克瓦尼指数（Kakwani Index）反映地区的收入差距，相应的估计结果见表 4 - 6 的第（1）列和第（2）列。二是采用泰尔指数测算地区收入差距，相应的估计结果见表 4 - 6 的第（3）列和第（4）列。结果显示，在更换变量测度方式后，互联网普及率的回归系数依然显著为正，这说明变量的测度方式并不会影响本书的估计结果。三是本书通过更换估计模型进行分析，将收入差距程度进行分组排序，使用有序模型估计互联网发展对收入差距的影响。本书将被解释变量划分为五组，即收入绝对平均、收入比较平均、收入相对合理、收入差距较大和收入悬殊，并对变量进行相应的赋值，① 以新的赋值后的变量替换原有的收入差距，再通过有序 Probit 模型进行回归，相应的估计结果见表 4 - 7 的第（5）列和第（6）列，结果显示在更换估计模型后，互联网普及

---

① 根据基尼系数的定义将 ［∞，0.2]、(0.2，0.3]、(0.3，0.4]、(0.4，0.5] 和 (0.5，∞] 分别对应为收入绝对平均、收入比较平均、收入相对合理、收入差距较大以及收入悬殊，用序号 1、2、3、4 和 5 表示。

率的回归系数依然显著为正，进而说明本书的估计结果是可靠的。

表 4 - 6 稳健性检验结果

变量	(1)	(2)	(3)	(4)	(5)	(6)
	卡克瓦尼指数	卡克瓦尼指数	泰尔指数	泰尔指数	Order 基尼	Order 基尼
	2010 ~ 2014 年	2010 ~ 2016 年	2010 ~ 2014 年	2010 ~ 2016 年	2010 ~ 2014 年	2010 ~ 2016 年
互联网普及率	0.466 ***	0.560 ***	1.232 ***	1.309 ***	4.167 ***	3.71 ***
	(0.15)	(0.10)	(0.40)	(0.28)	(1.03)	(0.86)
控制变量	是	是	是	是	是	是
观测值	225	343	225	343	225	343
R^2	0.447	0.323	0.378	0.242	0.148	0.118

注：括号内数值表示估计系数的标准误；"＊"表示在10%的统计水平下显著，"＊＊"表示在5%的统计水平下显著，"＊＊＊"表示在1%的统计水平下显著。

第三节 互联网发展对农村居民不同类型收入差距的影响

上节内容基于整体收入视角，研究了互联网普及率对于总收入差距的影响。考虑到居民收入包含的类别不同，而互联网对于不同类别的收入效果存在差异，因此有必要进一步讨论互联网普及率对不同收入类别差距的影响。

一、基准回归分析

为了准确估计互联网普及率对不同类型农村居民收入差距的影响，进一步构建如下计量模型：

$$ginia_{i,t} = \beta_0 + \beta_1 internet_{i,t} + \sum X_{it} + \gamma_i + \mu_{i,t} \qquad (4-2)$$

$$ginib_{i,t} = \alpha_0 + \alpha_1 internet_{i,t} + \sum X_{it} + \gamma_i + \mu_{i,t} \qquad (4-3)$$

$$ginic_{i,t} = \delta_0 + \delta_1\, internet_{i,t} + \sum X_{it} + \gamma_i + \mu_{i,t} \qquad (4-4)$$

$$ginid_{i,t} = \theta_0 + \theta_1\, internet_{i,t} + \sum X_{it} + \gamma_i + \mu_{i,t} \qquad (4-5)$$

其中，$ginia$、$ginib$、$ginic$ 和 $ginid$ 分别表示工资性收入差距、经营性收入差距、财产性收入差距和转移收入差距。下标 i、t 分别表示县和年度，$\sum X_{it}$ 表示控制变量集合，γ_i 表示县级固定效应，$\mu_{i,t}$ 表示随机扰动项。β_1、α_1、δ_1 和 θ_1 是本书关注的重点系数，代表了互联网发展对不同类别收入差距的影响。

（一）互联网发展对农村居民工资性收入差距的影响

表 4-7 给出了互联网普及率对农村居民工资收入差距的估计系数，其中第（1）列为仅加入核心解释变量的估计结果，第（2）列加入了个人和家庭层面的相关特征，第（3）列进一步控制了宏观经济变量，所有回归均控制了个体固定效应。

结果显示，在不加入控制变量时，互联网普及率对工资收入差距的估计系数显著为正，进一步控制个体和家庭、宏观经济因素后，互联网普及率的回归系数依然显著为正，且系数大小明显提高，模型的拟合优度也更好。基于此，本书选择第（3）列作为本书的基准回归结果。具体来看，互联网普及率的回归系数为 0.249，且在 1% 的水平下显著，说明地区的互联网普及每提高 1 个百分点，农村居民的工资性收入差距会上升 0.249 个百分点。这可能由以下两方面原因造成。

一方面，农村地区居民对于互联网的使用存在差异，导致互联网普及率对于居民的收入效应存在差异，从而影响收入差距。虽然近年来我国大力发展互联网等基础设施，且 5G 等互联网基础设施的建设在农村地区逐渐完善，但结合实际情况来看，农村地区的居民对于互联网使用的数量和质量均低于城镇地区，市场的需求相对较弱，这导致农村地区的互联网等基础设施的维护工作难度要高于城镇地区，进而提高了农村地区互联网的使用成本。如农村地区的手机、电脑等信息设备的维修成本通常也高于城镇地区。而我国农村地区居民收入水平大幅低于城镇地区，较高的互联网使用门槛可能会降低大部分农村地区居民的使用意愿，而少部分群体对于互联网等新兴事物的接纳度较高，其在通过使用互联网享受互联网带来的信息溢出效应和学习效应，进而更充分享受互联网普及率的红利，这会进一步加剧地区间的收入差距。因此，农村地区的成本和居民的认知差异使得居民对于互联网普及率的接纳程度存在差异，进而导致互联网普及率进一步加剧了农村地区居民收入差距。

另一方面，农村居民吸收互联网技术溢出等积极影响的效果存在差异，进而导致互联网普及率对于农村居民使用互联网的报酬效果不同。对于不同认知水平的居民而言，其使用互联网所掌握的信息和学习能力存在差异，如对于教育水平较高的居民而言，其更有可能通过互联网了解就业市场中的信息，进而降低自身和市场的信息不对称，增加更多的就业机会和学习机会。但对于那些受教育水平较低的居民而言，其使用互联网的效率较低，较难通过使用互联网了解更多的工作机会等。可见，即使同一地区的不同居民均使用互联网，居民的个体认知禀赋差异也会导致其使用互联网的效率存在差异（金文朝等，2005），使得居民通过互联网等信息技术获取的积极效应不同。谭燕芝等（2017）对此现象进行了进一步论证，并强调居民对于互联网的吸收和学习能力的差异是导致互联网对于居民产生不同积极效应的最主要因素。因此，结合本书研究，部分教育水平较高的农村居民更有可能吸收互联网的积极效应，从而获取更多的工作机会或技能，进一步加剧了地区间收入差距。

表 4 –7　　　　　　　　　互联网发展与农村居民工资性收入差距

变量	（1）	（2）	（3）
	工资性收入差距		
互联网普及率	0.128 ** (0.05)	0.250 *** (0.06)	0.249 *** (0.06)
年龄		− 0.008 (0.01)	− 0.007 (0.01)
性别		0.259 (0.75)	0.244 (0.75)
教育水平		− 0.097 (0.08)	− 0.097 (0.08)

续表

变量	(1)	(2)	(3)
	工资性收入差距		
就业类型		-0.076 (0.12)	-0.085 (0.12)
婚姻状况		-0.155 (0.13)	-0.154 (0.13)
健康水平		0.006 (0.01)	0.007 (0.02)
保险情况		0.007 ** (0.00)	0.007 ** (0.00)
家庭规模		-0.013 (0.01)	-0.013 (0.01)
私营企业		-0.008 (0.07)	-0.011 (0.07)
住房数量		-0.015 (0.04)	-0.014 (0.04)
GDP			0.001 (0.00)
产业结构			0.002 (0.01)
常数项	0.401 *** (0.01)	0.988 * (0.52)	0.962 * (0.53)
观测值	343	343	343
R^2	0.028	0.123	0.124

注：括号内数值表示估计系数的标准误；"＊"表示在10%的统计水平下显著，"＊＊"表示在5%的统计水平下显著，"＊＊＊"表示在1%的统计水平下显著。

（二）互联网发展对农村居民经营性收入差距的影响

表4-8则给出了互联网普及率对农村居民经营性收入差距的影响，其中第（1）列结果显示仅加入核心解释变量时互联网普及率的回归系数为0.602，且在1%的水平下显著。第（2）列则加入了个体层面和家庭层面的控制变量，第（3）列则进一步加入了宏观经济变量，结果显示在加入不同

的控制变量后互联网普及率的回归系数依然显著为正，且在加入所有控制变量后模型的拟合优度明显提高。以第（3）列作为基准回归估计结果。结果显示，互联网普及率的回归系数为 0.264，且在 1% 的水平下显著，说明互联网普及率每提高 1 个百分点，地区的经营性收入差距会扩大 0.264 个百分点。结合前文的总收入差距来看，互联网普及率对于经营性收入差距的正向影响相对较小，但互联网普及率的提高仍然会扩大农村居民的经营性收入差距。这可能是由以下两方面原因造成的。

一方面，农村地区的市场交易中存在较为严重的信息不对称，即生产者无法准确判断市场的需求，如果其产量高于需求，会面临存货成本，而产量较低则面临机会成本。因而，居民与市场间的信息不对称会降低其经营活动的效率，不利于其实现经营收入最大化的目标，而互联网普及率的推广则有助于打破市场的信息不对称，降低居民与市场间的搜寻成本（Svensson et al.，2009），这有助于居民准确判断市场的真实需求，进而对自身的经营活动做出调整，实现经营效率的最大化（Aker et al.，2011）。另一方面，市场交易中存在的信息不对称，且农村地区的生产技术水平整体偏低，这导致居民生产产品的整体技术含量较低，即产品的质量较差，使得产品在市场中缺乏竞争力，直观表现为产品的价格相对较低。由于互联网具有信息扩散和技术溢出效应，农村地区的居民可以通过使用互联网等，学习一些更为先进的种植或其他行业的生产技术，这不仅可以提高整体的生产效率（Nakasone et al.，2014；于淑敏等，2011），还有助于提高整个生产活动的技术水平。而技术水平的提高无疑会增加产品的市场竞争力，并进一步提高产品的议价能力，这和许竹青等（2013）的研究结论一致，即互联网发展有助于提高产品的市场定价水平。

虽然互联网发展能够提高农村居民的收入水平，但考虑到地区间农村居民的收入水平和教育水平的差异，其对于互联网等信息技术的接纳程度存在差异，这会引发因认知能力而产生的选择偏差，其中接纳程度较高的居民则能够使用互联网等信息技术进一步提高自身的经营活动收入，但接纳程度较低的居民则要面临产品市场竞争能力下滑的风险。因此，地区间居民认知能力的差异使"数字鸿沟"加剧，进而加剧地区的经营活动收入差距。

表 4 – 8　　　　　　　　互联网发展与农村居民经营性收入差距

变量	（1）	（2）	（3）
	经营性收入差距		
互联网普及率	0. 602 ***	0. 253 ***	0. 264 ***
	(0. 10)	(0. 10)	(0. 10)
年龄		0. 028 ***	0. 026 ***
		(0. 01)	(0. 01)
性别		− 2. 981 **	− 2. 934 **
		(1. 44)	(1. 45)
教育水平		0. 005	0. 008
		(0. 14)	(0. 14)
就业类型		0. 389 *	0. 430 **
		(0. 20)	(0. 21)
婚姻状况		0. 106	0. 111
		(0. 22)	(0. 22)
健康水平		0. 012	0. 009
		(0. 03)	(0. 03)
保险情况		− 0. 007	− 0. 007
		(0. 01)	(0. 01)
家庭规模		0. 005	0. 005
		(0. 02)	(0. 02)
私营企业		0. 035	0. 051
		(0. 12)	(0. 12)
住房数量		0. 041	0. 036
		(0. 06)	(0. 06)
GDP			0. 001
			(0. 01)
产业结构			− 0. 010
			(0. 01)
常数项	0. 465 ***	0. 591	0. 688
	(0. 02)	(0. 92)	(0. 93)
观测值	335	335	335
R^2	0. 150	0. 435	0. 438

注：括号内数值表示估计系数的标准误；" * "表示在10%的统计水平下显著，" ** "表示在5%的统计水平下显著，" *** "表示在1%的统计水平下显著。

（三）互联网发展对农村居民财产性收入差距的影响

表4-9给出了互联网普及率对农村居民财产收入差距的影响，与前文的分析结果一致，第（1）列为仅加入核心解释变量的估计结果，第（2）列和第（3）列则分别加入相应的控制变量。结果显示，各列中互联网普及率的回归系数均不显著，这表明互联网普及程度的提高并未影响我国农村地区的财产性收入差距。

这可能和我国目前财产性收入部分的特征有关，考虑到财产性收入主要是指出租房产、土地或其他资产所获得的收入，而目前我国农村地区居民大部分均拥有自有房产，使得生活在农村地区的居民对于住房租赁的需求相对较低。同时，农村地区的市场需求相对较低，即居民对于土地的需求也不是很高，加之经营农作物需要承担较大的风险，导致出租土地所获得的收入相对有限。虽然互联网普及能够在一定程度上消除在房产出租和土地租赁等过程中产生的信息不对称，但由于该部分收入占比相对较低，且大部分居民甚至没有财产收入，进而呈现出互联网普及并未显著影响居民财产收入差距的结果。

表4-9　　　　　　　　互联网发展与农村居民财产性收入差距

变量	（1）	（2）	（3）
	财产性收入差距		
互联网普及率	-0.133 (0.26)	0.378 (0.38)	0.401 (0.39)
年龄		-0.034 (0.02)	-0.036 (0.02)
性别		9.174 (11.63)	8.664 (11.76)
教育水平		-0.240 (0.36)	-0.267 (0.37)
就业类型		-0.621 (0.54)	-0.544 (0.56)
婚姻状况		-0.668 (0.55)	-0.710 (0.56)

变量	（1）	（2）	（3）
		财产性收入差距	
健康水平		−0.064 （0.06）	−0.069 （0.07）
保险情况		0.026* （0.02）	0.026* （0.02）
家庭规模		−0.013 （0.06）	−0.011 （0.06）
私营企业		−0.344 （0.26）	−0.343 （0.26）
住房数量		−0.049 （0.14）	−0.051 （0.14）
GDP			−0.005 （0.02）
产业结构			−0.015 （0.03）
常数项	0.442*** （0.06）	−1.265 （5.94）	−0.730 （6.07）
观测值	231	231	231
R^2	0.002	0.063	0.066

注：括号内数值表示估计系数的标准误；"＊"表示在10%的统计水平下显著，"＊＊"表示在5%的统计水平下显著，"＊＊＊"表示在1%的统计水平下显著。

（四）互联网发展对农村居民转移性收入差距的影响

表4－10则给出了互联网普及对农村居民转移收入差距的影响，可以发现，在不加入控制变量时，互联网普及率的回归系数为正但不显著，在加入相关控制变量后，互联网普及率的回归系数为负仍然不显著。说明地区互联网普及率并不会直接影响转移收入差距。这与财产性收入差距的原因较为相近，转移收入通常是指家庭获取的补助等费用，这和家庭的自身收入水平和状况有关。由于互联网普及率为地区居民创造了更多的就业机会，

一方面这可能会提高部分居民的工资性和经营性收入，进而使得这部分居民不需再接纳政府补贴等相关补助。另一方面，接受转移收入的群体本身的教育水平相对较低，这可能会弱化互联网普及率对其收入的积极作用，进而使得互联网发展对于转移性收入不平的影响不显著。

表 4 - 10 互联网发展与农村居民转移性收入差距

变量	(1)	(2)	(3)
	转移性收入差距		
互联网普及率	0.121 (0.11)	-0.055 (0.12)	-0.064 (0.12)
年龄		-0.012 (0.01)	-0.011 (0.01)
性别		6.726 (7.74)	6.853 (7.78)
教育水平		-0.028 (0.19)	-0.032 (0.20)
就业类型		-0.319 (0.26)	-0.326 (0.26)
婚姻状况		0.106 (0.29)	0.078 (0.30)
健康水平		-0.077** (0.03)	-0.079** (0.03)
保险情况		0.008 (0.01)	0.008 (0.01)
家庭规模		-0.033 (0.03)	-0.032 (0.03)
私营企业		0.126 (0.15)	0.131 (0.15)
住房数量		-0.056 (0.08)	-0.055 (0.08)
GDP			-0.008 (0.01)

续表

变量	(1)	(2)	(3)
	转移性收入差距		
产业结构			-0.001
			(0.01)
常数项	0.488***	-1.888	-1.879
	(0.02)	(3.85)	(3.88)
观测值	323	323	323
R^2	0.006	0.172	0.174

注：括号内数值表示估计系数的标准误；"＊"表示在10%的统计水平下显著，"＊＊"表示在5%的统计水平下显著，"＊＊＊"表示在1%的统计水平下显著。

二、内生性问题

上述实证分析发现农村地区的互联网普及率会显著扩大工资性收入差距和经营性收入差距，但对于财产收入差距和转移收入差距的估计结果并不显著。虽然采用面板固定效应模型可以在一定程度上避免模型中的内生性问题，但是固定效应估计只能控制不随时间变化的地区不可观测特征，如果存在一些随时间变化的社会经济因素同时影响了互联网发展和地区收入差距，面板数据固定效应估计的结果仍然可能存在偏误。此外还可能存在逆向因果问题：互联网发展能够促进农村居民收入的提高，但考虑到互联网普及对于不同居民收入的影响效果可能存在差异，这会使得那些能够更好利用互联网增强自身收入的个体更为关注互联网，从而推动地区互联网发展。

为了更好地解决模型中可能存在的内生性问题对回归估计结果带来的干扰，并提高估计结果的可靠性，本书采用两阶段最小二乘法进行分析。和前文的研究思路一致，本小节借鉴朱秋博等（2022）的研究思路，采用"八纵八横"作为工具变量。表4-11报告了估计结果，结果显示，再采用工具变量估计后，互联网普及率每增加1个百分点，工资性收入的基尼系数和经营性收入的基尼系数分别显著增加2.231个和0.897个百分点；但是互联网普及率对财产性收入差距和转移性收入差距的影响在统计上不显著。表 4 - 11 报告的 IV 估计结果与前文基于面板数据固定效应模型得到的估计结果一致，表明本书的研究结论是稳健的。此外，工具变量检验结果表明，除对财产性收入差距的估计结果而言，其他估计结果的过度识别检验和弱工具变量检验均说明工具变量的选取是有效的。

表 4 - 11 工具变量估计结果

变量	（1） 工资性收入差距	（2） 经营性收入差距	（3） 财产性收入差距	（4） 转移性收入差距
互联网普及率	2. 231 *** (0. 48)	0. 897 ** (0. 44)	1. 281 (1. 34)	− 0. 198 (0. 50)
控制变量	是	是	是	是
固定效应	是	是	是	是
观测值	343	333	212	321
过度识别检验	19. 239 ***	19. 209 ***	10. 142 ***	20. 478 ***
弱工具变量检验	19. 822{16. 38}	19. 812{16. 38}	9. 896{16. 38}	21. 304{16. 38}

注：括号内数值表示估计系数的标准误；" * "表示在10%的统计水平下显著，" ** "表示在5%的统计水平下显著，" *** "表示在1%的统计水平下显著。其中过度识别检验在5%的水平下显著则说明不存在过度识别问题，弱工具变量检验括号内的值为10%显著性水平下的临界值。

三、稳健性检验

为了进一步提高估计结果的可靠性，本节重新计算各分项收入的不平等指数，具体包括泰尔指数和卡克瓦尼（Kakwani）收入不平等指数，并分别替换被解释变量，相应的估计结果见表 4 - 12。可以发现在替换被解释变量后，互联网普及率的估计系数仅对工资收入差距和经营性收入差距的估计系数显著为正，而对财产收入差距和对转移性收入差距的估计系数均不显著，说明基尼系数的度量误差并不会影响到本节估计结果的可靠性，进而说明本节结论是稳健的。

表 4 - 12　　　　　　　　　　　　稳健性检验

变量	(1)	(2)	(3)	(4)
	泰尔指数			
	工资性收入差距	经营性收入差距	财产性收入差距	转移性收入差距
互联网普及率	0.275 ***	0.769 **	0.874	0.122
	(0.10)	(0.36)	(0.80)	(0.35)
控制变量	是	是	是	是
固定效应	是	是	是	是
常数项	2.196 **	0.085	- 1.665	- 12.237
	(0.96)	(3.47)	(12.46)	(11.40)
观测值	343	335	231	323
R^2	0.136	0.238	0.101	0.158
变量	卡克瓦尼指数			
	工资性收入差距	经营性收入差距	财产性收入差距	转移性收入差距
互联网普及率	0.096 **	0.233 **	0.391	0.015
	(0.05)	(0.10)	(0.35)	(0.12)
控制变量	是	是	是	是
固定效应	是	是	是	是
常数项	0.946 **	0.254	- 3.403	- 4.891
	(0.44)	(0.98)	(5.44)	(3.89)
观测值	343	335	231	323
R^2	0.101	0.395	0.105	0.151

注：括号内数值表示估计系数的标准误；"＊"表示在10%的统计水平下显著，"＊＊"表示在5%的统计水平下显著，"＊＊＊"表示在1%的统计水平下显著。

四、异质性讨论

前文使用全样本估计了互联网发展对不同类型收入差距的影响，虽然该结果有助于理解互联网普及率对于收入差距的效果，但该影响反映的是平均效应。考虑到我国不同区域的互联网发展和居民的收入水平均存在较大差异，因而互联网普及率对于不同区域的收入差距效果可能存在差异。此外，对于不同群体的特征而言，其对于互联网的敏感系数存在差异，如青年农民群体和老年农民群体对于互联网等信息技术的适应能力存在较大差异。对不同区域或不同群体而言，互联网普及对农村居民收入差距的效果可能存在差异。为更全面地理解互联网发展对农村居民收入差距的影响效果，本小节将从空间差异、地区市场化发育程度的差异以及人口年龄和受教育水平差异四个维度考察互联网发展影响收入差距的异质性。

（一）互联网影响农村居民不同类型收入差距的区域差异

1. 区域异质性

现有研究表明，我国地区间的经济差异等因素是影响农户收入差距的重要因素（程名望等，2016）。结合我国各区域的实际情况来看，我国土地辽阔，地区间的经济发展存在较大的差异，这不仅使得地区间的互联网发展存在较大差异，还进一步使得互联网的技术溢出效应等的效果存在不同。例如，东部地区中的经济发展水平相对较高，其拥有更多的资金可用于建设互联网发展，而西部地区的经济发展水平较差，且地区的人口密度较低，因而在西部地区发展互联网所实现的经济效应可能相对较小，这导致了区域间的互联网发展水平的差异。闫超栋和马静（2017）在综合采用多个指标反映地区的信息化建设后发现，我国的互联网发展存在明显的空间非均衡性发展，整体上东部地区的互联网发展较快，而西部地区的互联网发展较为滞后。为了进一步检验互联网普及率对不同区域中收入差距的影响效果，本书根据样本所属区域，将样本划分为东部地区、中部地区和西部地区进行分组回归，见表4-13。

表4-13　　　　互联网与农村居民收入差距：区域差异分析

东部	（1）	（2）	（3）	（4）
	工资性收入差距	经营性收入差距	财产性收入差距	转移性收入差距
互联网普及率	0.353 **	0.739 ***	1.713 ***	-0.151
	(0.15)	(0.26)	(0.62)	(0.30)
控制变量	是	是	是	是
固定效应	是	是	是	是

续表

东部	（1）	（2）	（3）	（4）
	工资性收入差距	经营性收入差距	财产性收入差距	转移性收入差距
常数项	1.54 (0.93)	1.647 (1.50)	9.047** (3.45)	1.056 (1.69)
观测值	138	131	98	127
R^2	0.197	0.349	0.289	0.439
中部	（1）	（2）	（3）	（4）
	工资性收入差距	经营性收入差距	财产性收入差距	转移性收入差距
互联网普及率	0.32** (0.12)	0.362 (0.23)	−0.221 (0.70)	0.033 (0.27)
控制变量	是	是	是	是
固定效应	是	是	是	是
常数项	1.02 (0.79)	−2.212 (1.49)	2.792 (4.01)	2.606 (1.88)
观测值	99	98	64	93
R^2	0.240	0.626	0.161	0.129
西部	（1）	（2）	（3）	（4）
	工资性收入差距	经营性收入差距	财产性收入差距	转移性收入差距
互联网普及率	0.604*** (0.12)	0.291 (0.20)	−1.852* (0.90)	0.242 (0.28)
控制变量	是	是	是	是
固定效应	是	是	是	是
常数项	5.266*** (1.82)	2.854 (2.93)	−5.263 (6.99)	−4.518 (4.15)
观测值	106	106	69	103
R^2	0.465	0.685	0.591	0.337

注：括号内数值表示估计系数的标准误；"*"表示在10%的统计水平下显著，"**"表示在5%的统计水平下显著，"***"表示在1%的统计水平下显著。

就工资收入差距来看，互联网普及率对东部地区工资收入差距的回归系数为0.353，且在1%水平下显著。而在中部地区中，互联网普及率的回归系数为0.32，且在5%的水平下显著。就西部地区来看，互联网发展的回归系数为0.604，同样在1%的水平下显著，且系数明显高于东部地区。这

111

一回归结果表明互联网发展对工资收入差距的影响存在明显的区域异质性特征，即虽然互联网普及率对东部、中部和西部地区的工资收入差距的估计系数均显著为正，但从具体影响效果来看，互联网普及率对于西部地区工资收入差距的促进作用更显著，而对于东部和中部地区工资收入差距的促进作用相对较低。这可能是由于西部地区的劳动力供需市场的发展相对不完善，对于善于利用互联网的个体而言，可以快速凭借信息优势拉开和其他群体的收入差距，而对于不擅长利用互联网的个体而言，其无法充分享受到互联网发展所带来的好处，因而互联网发展加剧了西部地区的工资收入差距。

从经营性收入差距来看，互联网普及率对东部地区的影响系数为0.739，且在1%的水平下显著，对比全样本分析结果可知，互联网普及率对于东部地区经营性收入差距的影响效果相对较强。在中部地区中，互联网普及率的回归系数为0.362，但不显著。在西部地区中，互联网普及的回归系数为正但不显著。这一结果表明互联网普及率对不同地区经营性收入差距的影响存在显著的差异，这可能和地区经营环境的差异性有关，由于东部地区的市场竞争较为激烈，互联网在提高居民的学习能力和生产效率的同时，也进一步加剧了"数字鸿沟"，进而加剧了经营性收入差距。如东部地区更容易实现互联网的规模溢出效应，但对于部分对互联网使用不熟练的居民而言，其所能获取的经营收入大幅下降。而中部和西部地区的市场竞争强度相对较弱，由互联网引致的经营性收入差距的影响变化相对较低，导致互联网普及率对经营性收入差距的影响不显著。

对于财产性收入差距而言，互联网普及率在东部地区样本中回归系数为1.713，且在1%的水平下显著，在中部地区的样本中，互联网普及率对财产性收入差距的影响系数为负且不显著，在西部地区中，互联网普及率对财产性收入差距的影响系数显著为负。这说明互联网普及率会提高东部地区的财产性收入差距，但会抑制西部地区的财产性收入差距。这可能和东部地区的营商环境更为发达有关，东部地区良好的营商环境等有利于吸引财产性经营活动，但由于该类活动的门槛较高，因而通常仅有部分居民能够享受互联网普及率带来的红利，进而造成东部地区的财产性收入差距进一步拉大。而西部地区，由于地区的营商环境等较弱，且居民参与财产性收入差距的意愿较低，导致互联网普及率对居民收入差距的影响不存在明显偏差，且在一定程度上降低了居民的财产性收入差距。对于转移性收入差距而言，互联网普及率在东部地区、中部地区和西部地区的回归系数均不显著，说明对于不同区域而言，互联网普及率均不会影响居民的转移性收入差距。

2. 地区市场化程度

前文的分析表明，地区的互联网发展不仅会影响农村居民的生产效率，还会影响居民的学习能力，进而影响收入差距。但结合现实情况来看，地区互联网发展的技术溢出等积极作用的实现得益于良好的市场化环境。如所在地区的市场化环境较差时，互联网等信息技术的出现可能加剧经营垄断等现象，进而不利于互联网积极效应的实现。为了进一步研究地区的市场化建设如何影响居民收入不平，本书基于地区市场化视角进行异质性分析。其中，各地区的市场化水平采用王小鲁等（2017）提出的中国分省份市场化指数进行衡量。本书将地区市场化指数高于平均值的样本定义为高市场化组，低于市场化均值的定义为低市场化组，并进行分组回归，相应的回归估计结果见表4-14。对于工资性收入而言，互联网普及率在低市场化中的回归系数为0.422，且在1%的水平下显著，而在高市场化组中，互联网普及率的回归系数为0.39，在1%的水平下显著，说明在市场化水平较低的地区，互联网普及率对农村居民工资性收入差距的影响更明显。就经营性收入来看，互联网普及率的回归系数在高市场化和低市场化组中的回归系数均显著为正，而在高市场化地区互联网普及率对经营性收入差距的影响效果更明显。就财产收入差距和转移收入差距来看，互联网普及率在高、低市场化组中的回归系数均不显著。

整体来看，市场化的提高能缓解互联网普及对农村居民工资收入差距的影响，但是会加剧互联网普及对其经营性收入差距的影响。市场化的发展有助于提高资源配置效率，促进公平竞争，打破垄断。在我国，尤其是农村地区，市场中的交易活动存在较为严重的信息不对称，这导致部分具有信息优势的个体可以凭借信息优势获取更多的收益，这不利于市场的公平竞争。诚然，互联网发展在一定程度上降低了市场间的信息不对称，但这部分具有信息优势的个体更有可能利用规模优势，并借助互联网等信息技术进一步实现规模化生产与销售，从而加剧市场间的群体收入差距。市场化的发展则能有效打破这一困境，市场化倡导地区间的资源配置合理化、公平化，并提倡公平竞争，这能够避免少部分群体利用互联网扩大自身的信息优势，在一定程度上弱化了因信息接纳程度而导致的收入差距。

表4－14　　　互联网发展与农村居民收入差距：市场化差异分析

低市场化程度	(1)	(2)	(3)	(4)
	工资性收入差距	经营性收入差距	财产性收入差距	转移性收入差距
互联网普及率	0.422 **	0.52 **	−0.35	0.043
	(0.16)	(0.21)	(0.83)	(0.33)
控制变量	是	是	是	是
固定效应	是	是	是	是
常数项	5.144 **	1.894	1.24	−3.055
	(2.43)	(3.16)	(7.79)	(4.97)
观测值	170	170	115	162
R^2	0.240	0.682	0.400	0.264
高市场化程度	(1)	(2)	(3)	(4)
	工资性收入差距	经营性收入差距	财产性收入差距	转移性收入差距
互联网普及率	0.39 ***	0.54 **	0.667	−0.224
	(0.12)	(0.20)	(0.72)	(0.23)
控制变量	是	是	是	是
固定效应	是	是	是	是
常数项	1.225	2.674 *	4.975	2.011
	(0.83)	(1.49)	(4.39)	(1.72)
观测值	173	165	116	161
R^2	0.203	0.234	0.169	0.409

注：括号内代表估计系数的标准误；"＊"代表在10%的统计水平下显著，"＊＊"代表在5%的统计水平下显著，"＊＊＊"代表在1%的统计水平下显著。

（二）互联网发展对不同特征农村居民群体收入差距影响的差异

1. 按年龄分组

考虑到互联网使用存在明显的年龄分布差异特征，且不同年龄的农村居民在学习能力上存在较大差异。如对于年龄较小的个体而言，其学习能力相对较强，能够较好地掌握互联网等技术的应用，从而更好地吸收互联网带来的溢出效应。对于年龄较大的个体而言，其对于互联网等新兴技术的学习能力相对较弱，可能无法较好地吸收互联的技术溢出效应。为了检验互联网普及率对于不同年龄群里收入不平的影响，本书借鉴Dalton et. al.（2008）和温雪等（2019）的做法，根据样本年龄的中位数，将样本划分为青年组和中年组，然后分别进行估计。相应的估计结果见表4－15。

表4－15　　　　　　　　　不同年龄段回归结果

青年组	(1)	(2)	(3)	(4)
	工资性收入差距	经营性收入差距	财产性收入差距	转移性收入差距
互联网普及率	0.386 ***	0.508 **	0.771	−0.076
	(0.13)	(0.22)	(0.59)	(0.30)
控制变量	是	是	是	是
固定效应	是	是	是	是
常数项	3.067	7.273	−12.501	0.705
	(4.37)	(7.36)	(9.06)	(10.01)
观测值	149	147	101	138
R^2	0.343	0.519	0.680	0.279
中年组	(1)	(2)	(3)	(4)
	工资性收入差距	经营性收入差距	财产性收入差距	转移性收入差距
互联网普及率	0.391 **	0.511 **	−0.119	0.019
	(0.17)	(0.22)	(0.80)	(0.35)
控制变量	是	是	是	是
固定效应	是	是	是	是
常数项	7.907 ***	4.299	5.499	5.286
	(2.75)	(3.57)	(9.13)	(5.56)
观测值	194	188	130	185
R^2	0.215	0.652	0.256	0.193

注：括号内代表估计系数的标准误；"＊"代表在10%的统计水平下显著，"＊＊"代表在5%的统计水平下显著，"＊＊＊"代表在1%的统计水平下显著。

就工资收入差距而言，在青年组中互联网普及率的回归系数为0.386，且在1%的水平下显著，而在中年组，互联网普及率的回归系数为0.391，且在1%的水平下显著，说明在中年组中互联网普及率对工资收入差距的影响更大。就经营性收入差距而言，互联网普及率在青年组中的回归系数为0.508，且在5%的水平下显著，而在中年组中，互联网普及率的回归系数为0.511，在5%的水平下显著，这表明互联网普及率对于不同年龄群体的经营性收入差距的影响相对较弱。对于财产性收入差距，互联网普及率对青年组和老年组的影响均不显著。这和前文估计结果相一致，青年组群体更能够充分了解互联网的资源，且大家对于互联网的技能应用差异相对较小，从而使得互联网整体提高了农村居民的就业机会等，进而放大互联网使用的回报率。然而，对于中年组，农村居民个体对于互联网使用的差异较大，进一步加剧了互联网对收入差距的影响，从而导致互联网发展对收入差距在中年组的影响更为明显。

2. 按受教育水平分组

上文的估计结果有一个重要的研究假设，即地区的农村居民对于互联网普及率的吸收能力存在差异，且高教育水平的群体更能够吸收互联网的技术溢出效应等。为了检验该逻辑，本节进一步基于教育水平差异视角进行异质性分析，本书根据教育水平的中位数，将样本划分为低教育水平和高教育水平两组进行回归，相应的估计结果见表4-16。结果显示，对于工资性收入而言，其在低教育水平样本中的回归系数为0.442，且在1%的水平下显著，而在高教育水平样本中的回归系数为0.392，同样在1%的水平下显著。说明在高教育水平的样本中，互联网普及率对工资收入差距的促进作用相对较弱。对于经营性收入差距而言，互联网普及率的回归系数仅在低教育水平的样本中显著为正，而在高教育水平的样本中，其回归系数不显著。这说明提高农村居民的教育水平能够在一定程度上降低互联网普及率对其工资性收入差距和经营性收入差距的影响。这与前文的分析结果一致，当地区的居民整体教育水平提高时，其对于互联网的吸收能力的差异不断降低，一定程度上缩小了互联网普及差异导致的"数字鸿沟"，进而降低地区间的收入差距。对于财产收入差距和转移收入差距，互联网普及率在不同样本中的回归系数均不显著。

表 4-16 不同教育水平的回归结果

低教育水平	(1)	(2)	(3)	(4)
	工资性收入差距	经营性收入差距	财产性收入差距	转移性收入差距
互联网普及率	0.442 ***	0.412 ***	0.130	0.009
	(0.11)	(0.16)	(0.65)	(0.21)
控制变量	是	是	是	是
固定效应	是	是	是	是
常数项	6.366 **	3.067	-2.427	-1.348
	(2.44)	(3.40)	(7.07)	(4.61)
观测值	173	171	111	166
R^2	0.238	0.607	0.142	0.280
高教育水平	(1)	(2)	(3)	(4)
	工资性收入差距	经营性收入差距	财产性收入差距	转移性收入差距
互联网普及率	0.392 ***	0.267	0.502	-0.087
	(0.12)	(0.23)	(0.57)	(0.30)
控制变量	是	是	是	是
固定效应	是	是	是	是
常数项	0.828	0.109	3.878	-1.171
	(0.63)	(1.20)	(13.33)	(7.69)
观测值	170	164	120	157
R^2	0.200	0.401	0.193	0.245

注：括号内代表估计系数的标准误；"*"代表在10%的统计水平下显著，"**"代表在5%的统计水平下显著，"***"代表在1%的统计水平下显著。

第四节 互联网发展对不同农村居民群体收入的影响

本章前三节主要检验了互联网发展对于农村居民不同类别收入差距的影响，且结果表明，互联网普及率的提升显著提高了农村居民群体的收入差距。理论上，收入差距程度的扩大，必然源于互联网发展对居民收入产生的差异化影响。例如，从收入分布来讲，总体收入差距程度的扩大，可能是由于互联网普及率的提高增加了高收入群体的收入，降低了低收入群体的收入，增大了收入分布的极化程度；也可能是互联网普及率的提高同时提高了高收入群体和低收入群体的收入，但是对前者的收入影响更大，从而扩大了收入差距。从收入来源来讲，总体收入差距程度的扩大，也可能是由于互联网发展对不同收入来源的影响存在差异，通过影响收入结构影响了收入差距。因此，为了揭示互联网发展影响收入差距的理论机制，必须考察互联网发展对不同特征农村居民群体收入的影响，对互联网发展的收入效应异质性的考察是探求互联网发展影响收入差距的作用机制的必由路径。

根据本书理论部分的分析，互联网发展促进农村居民增收主要通过信息基础设施建设、信息工具终端使用即信息获取以及信息利用三个环节来实现。在我国，信息基础设施建设的费用大多由政府和国有企业承担。在信息工具终端使用方面，农村居民需要自行担负连接互联网的硬件设备如电脑、手机等费用，这就是信息使用的成本门槛。在信息利用方面，对于农村居民来说，即使能够支付连接互联网的硬件设备费用，大部分农村居民受限于自身文化水平，可能也不具备信息利用能力。基于上述分析，收入水平较高以及受教育水平较高的农村群体可以更为有效地将互联网使用转化成生产力和收入，而收入水平较低以及受教育水平较低的农村群体则可能影响滞后或甚微，进而加大了农村居民内部的收入差距。因此是否能缩小收入差距则取决于劣势群体的互联网回报率以及不同受教育水平上的互联网回报率，从而解释了互联网是如何影响农村居民收入差距的。

前面章节用互联网的普及率来刻画人们对互联网的使用，然而互联网的普及只能反映供给面的情况，对于互联网使用却无法完整刻画（Grajek and Kretschmer，2009）。本节及第五章将使用微观层面数据来刻画互联网使用的实际情况，以克服度量误差。具体地，本节将进一步基于微观数据，实证检验微观个人使用互联网对不同群体收入的影响，从而更深入地理解现阶段互联网普及对我国农村居民收入差距影响的内在原因。同时，为了探讨互联网使用对于不同居民收入的作用效果，本节将结合无条件分位数回归模型进行检验。

一、数据来源、样本选取、模型设计和变量描述

（一）数据来源与样本选择

和前文研究一样，本节使用 2010 年、2014 年和 2016 年的 CFPS 数据。[①] 对于原始数据，进行如下处理：（1）基于国家统计局资料的城乡分类和户口类型，仅保留样本类型为"农村"的样本；（2）剔除年龄大于 60 周岁或小于 18 周岁的样本；（3）剔除主要变量缺失的样本。处理后的样本包含 3344 个家庭、16022 名个人，分布在全国 162 个县区。

（二）变量选取与描述性统计

1. 被解释变量

结合前文分析可知，互联网发展对于农村居民的收入差距的影响主要集中在工资性收入和经营性收入两方面，本节将主要考察农村居民的个人互联网使用情况对居民工资性收入和经营性收入的影响，因而本章选取农村居民总收入、工资性收入和经营性收入作为被解释变量。

2. 解释变量

考虑到单一的互联网使用可能较难准确识别互联网的微观经济效应，为了准确识别互联网对于居民收入的影响，本小节从互联网使用、互联网使用强度和互联网使用类型三方面进行分析。

互联网使用（*Int_peo*）。在 CFPS2010 年和 2014 年调查中，互联网使用的问题为"你/您是否上网"，选项为"是"和"否"，选择"是"赋值为 1，选择"否"赋值为 0。在 CFPS2016 年的调查中，互联网使用的问题有两个，一个是"是否使用移动设备，比如手机、平板，上网"，选项为"是"和"否"；另一个是"是否使用电脑上网"，选项为"是"和"否"。综合两个问题的答案，如果被访者在两个问题选择了至少一项"是"，则赋值为 1，如两个问题都选择"否"，赋值为 0。因此使用互联网变量为虚拟变量，使用互

---

① 2012 年数据中未包括互联网使用情况，且 2018 年问卷中并未给出区县顺序码从而无法计算区县层面基尼系数和互联网普及情况。

联网赋值为1，未使用互联网赋值为0，对是否使用互联网进行直接衡量。

互联网使用强度（*Int_intensity*）。根据相应的问卷调查中关于"最近非假期的一个月内平均每天上网的时间（分钟）"变量计算得到，并进行对数处理。

互联网使用类型（*Int_type*），包括对互联网学习、互联网工作、互联网社交、互联网娱乐、互联网商业活动频率的衡量。若个体使用互联网主要用于工作，则视为工作类互联网使用，相应的变量取值为1，否则视为非工作类互联网使用，变量取值为0。

3. 控制变量

与现有文献基本一致，在控制变量的选取上主要包括个体层面和家庭层面的内容。个体层面的控制变量主要包括年龄（*age*）、性别（*gender*）、教育程度（*edu*）、就业状况（*jobness*）、婚姻状况（*marriage*）、健康状况（*health*）、保险购买情况①（*insurance*）。家庭层面的控制变量主要包括家庭规模（*familysize*）、是否拥有私营企业（*privatecor*）以及拥有的住房数量（*housenum*）。

4. 描述性统计

表4-17给出了本部分所使用变量的描述性统计结果，其中工资性收入的标准差为3.553。经营性收入的标准差为3.658。从个体互联网的各项指标来看，其中互联网使用强度的标准差较大，说明个体的互联网使用强度存在较大差异，而互联网使用和互联网使用类型的差异相对较小。各控制变量的描述性统计结果和相关研究相近，一定程度上说明本书的数据处理的准确性。

表4-17　　　　　　　　　　描述性统计

变量	均值	p50	标准差
工资性收入（对数）	6.679	8.034	3.553
经营性收入（对数）	6.148	7.672	3.658
互联网使用	0.112	0	0.315

---

① 本书具体在处理过程中将购买养老保险或者医疗保险的变量赋值为1，均未参保的变量赋值为0。

变量	均值	p50	标准差
互联网使用强度	8.452	6	9.517
互联网使用类型	0.032	0	0.177
年龄	43.23	45	9.482
性别	0.488	0	0.500
教育程度	2.270	2	1.029
就业状况	0.021	0	0.142
婚姻状况	0.928	1	0.259
健康状况	3.411	4	1.312
保险购买情况	2.192	1	1.919
家庭规模	4.594	4	1.779
私营企业	0.068	0	0.252
住房数量	0.158	0	0.433

数据来源：CFPS 2010 年、2014 年和 2016 年数据。

（三）计量模型

1. 无条件分位数回归

无论是普通最小二乘估计，还是面板数据固定效应估计和工具变量估计，都只能得出互联网发展对居民收入的平均处理效应，无法准确刻画互联网发展对收入分布的影响。鉴于此，本部分采用分位数回归模型，考察互联网发展对不同分位点的农户收入水平的影响，即估计互联网发展对居民收入的分位数处理效应（Quantile Treatment Effect，QTE）。无条件分位数的估计模型见式（4-6）：

$$RIF(Y;v) = v(FY) + IF(Y;v) \qquad (4-6)$$

其中，v 是刻画分布 $F(y)$ 的各种统计量。$IF(Y;v)$ 是特定统计量 Y 对应的影响函数。此时，若分布统计量为分位数，则 RIF 回归为无条件分位数回归，其影响函数的表达式为：

$$IF(Y;q_T) = \frac{t - I(Y \leqslant q_t)}{f_Y(q_t)} \qquad (4-7)$$

其中，q_T 表示 T 分位的分位数，$fY(\bullet)$ 是 Y 的边际密度函数。因此，q_T 分位数的再中心化影响函数可写成：

$$RIF(Y;q_T) = q_T + \frac{t - (Y \leq q_t)}{f_Y(q_t)} \qquad (4-8)$$

由于影响函数具有期望为零的特征，因此分位数的再中心化影响函数的期望等于分位数自身：

$$\int RIF(Y;q_T) \times \mathrm{d}F(Y) = \int \left(q_T + \frac{t - I(Y \leq q_t)}{f_Y(q_t)} \right) \times \mathrm{d}F(Y) = q_T \quad (4-9)$$

进一步利用迭代期望律，将分位数表示为其再中心化影响函数条件期望的期望：

$$q_T = \int RIF(Y;q_T) \times \mathrm{d}F(Y) = \iint RIF(Y;q_T) \times \mathrm{d}F(Y|X) \times \mathrm{d}F(Y)$$

$$(4-10)$$

$$q_T = \int E\left[RIF(Y;q_T)|X \right] \times \mathrm{d}F(X) \qquad (4-11)$$

最后，类似于条件均值回归，将 $RIF(Y;q\tau)$ 线性地表示为自变量的函数：

$$R(\mathrm{ln}income);q_T = X\beta + \varepsilon \qquad (4-12)$$

其中，$\mathrm{ln}income$ 为被解释变量人均平均收入对数，q_T 为分位数，X 为个体和家庭层面的控制变量，参数 β 可以通过 OLS 方程估计得到。

2. RIF 回归分解

考虑到无法直接对上述回归方程进行 RIF 分解，需要构建反事实函数进行分析。相应的 RIF 回归分解方程如式（4-13）所示：

$$\Delta = q_T(\mathrm{ln}\,Y_m) - q_T(\mathrm{ln}Y_f) = \left[q_T(\mathrm{ln}\,Y_m) - q_T(\mathrm{ln}Y_c) \right]$$
$$+ \left[q_T(\mathrm{ln}Y_c) - q_T(\mathrm{ln}Y_f) \right] \qquad (4-13)$$

其中，$\mathrm{ln}Y_c$ 代表反事实函数的统计分布，即假设属于 f 群体的样本，其个体特征的回报率保持不变，且个体特征和 m 群体具有相同的收入分布，这能够保证反事实函数具有外生性。根据上述定义可以求得 m 群体的真实个人回报与个体特征之间的差异 $q_T(\ln Y_m) - q_T(\ln Y_c)$，该差异也被视为结构效应 ΔS。群体 f 的反事实差异 $q_T(\ln Y_c) - q_T(\ln Y_f)$ 被视为特征效应 ΔX。

进一步，采用 Blinder-Oaxaca 分解，可以将收入不平等分为下式：

$$\Delta = q_T(\ln Y_m) - q_T(\ln Y_f) = \left[(X_m - X_f)\beta_m + \varepsilon_{mc} \right] + \left[(\beta_m - \beta_f) + \varepsilon_{cf} \right]$$

$$(4-14)$$

式（4 - 14）中的第一项中括号内反映特征效应，第二项中括号反映结构效应。

3. 计量模型设定

为了更加细致地考察互联网发展的影响，本部分充分利用数据条件，分别从互联网使用、互联网使用强度和互联网使用类型三个维度在个体层面衡量互联网发展，分别设定如下基本计量模型：

$$\ln income_{it} = \beta_0 + \beta_1 Int\_Peo_{it} + \sum X_{it} + \delta_i + \mu_{it} \qquad (4-15)$$

$$\ln income_{it} = \alpha_0 + \alpha_1 Int\_intensity_{it} + \sum X_{it} + \delta_i + \mu_{it} \qquad (4-16)$$

$$\ln income_{it} = \gamma_0 + \gamma_1 Int\_type_{it} + \sum X_{it} + \delta_i + \mu_{it} \qquad (4-17)$$

式（4 - 15）、式（4 - 16）和式（4 - 17）分别表示互联网使用、互联网使用强度和互联网使用类型对收入的影响。其中，下标 i 表示县，下标 t 表示年份，$\sum X_{it}$ 表示控制变量集合，δ_i 表示个体固定效应，μ_{it} 表示随机扰动项。

在分位数回归的基础上，本节第三部分还将通过在模型中加入交互项的方式，重点关注互联网对农村居民收入的影响是否因居民教育水平而存在差异。教育是决定个体收入的关键因素，教育水平越高的居民其收入水平也越高，如果互联网发展对高学历人口收入的提升作用更大，则互联网发展必然加剧收入差距；反之，互联网发展则会缩小收入差距。

二、互联网发展影响农村居民收入的分位数估计

采用传统的 OLS 模型只能估计互联网发展对居民收入的平均处理效应，能够提供的信息有限，分位数回归则不仅能够估计互联网发展对收入

的平均处理效应，还能估计在多个收入分位数上的收入效应。① 因此，为了准确评估个体使用互联网等因素对居民收入的影响，本节采用无条件分位数进行回归分析。表 4 - 18 报告了互联网发展对总收入的分位数估计结果，其第 (1)、第 (2) 和第 (3) 列分别为 25、50 和 75 分位点的估计结果。

表 4 - 18 的结果显示，在 25 分位点时，互联网使用的回归系数为 0.121，且在 10% 水平下显著。而在 50 分位点时，互联网使用的回归系数为 0.266，且在 1% 水平下显著。在 75 分位点时，互联网使用的回归系数 0.582，同样在 1% 水平下显著。说明随着分位点的上升，是否使用互联网在不同分位数上的系数均显著为正，互联网使用对总收入的促进作用逐渐增强，并且在 75 分位点上，互联网对农村居民收入的影响最大。

表 4 - 18　　　互联网使用对总收入影响的无条件分位数回归结果

变量	(1)	(2)	(3)
	总收入（对数）		
	Q25	Q50	Q75
互联网使用	0.121 *	0.266 ***	0.582 ***
	(0.06)	(0.03)	(0.04)
控制变量	是	是	是
固定效应	是	是	是
常数项	5.508 ***	5.828 ***	4.764 ***
	(0.83)	(0.38)	(0.53)
观测值	15903	15903	15903
R^2	0.481	0.537	0.545

注：括号内数值表示估计系数的标准误；" * "表示在 10% 的统计水平下显著，" ** "表示在 5% 的统计水平下显著，" *** "表示在 1% 的统计水平下显著。

其中表 4 - 19 报告了是否使用互联网对工资性收入和经营性收入的分位数估计结果，分别取 25、50 和 75 分位点。在以工资性收入为被解释变量时，是否使用互联网在 25 分位点时的回归系数为 0.667，且在 10% 水平上显著；而在 50 分位点时，回归系数为 0.6，在 1% 水平下显著；在 75 分位

———————

① 由于分位数回归不对误差项分布做具体假设，因此其系数估计比 OLS 回归更稳健。

点时，是否使用互联网的回归系数为 1.11，同样在 1% 水平下显著，说明是否使用互联网对居民的工资性收入的影响存在显著的分位点差异，随着分位点的上升，是否使用互联网对居民工资性收入的促进作用逐渐增强，在 75 分位点时，是否使用互联网对居民工资性收入影响最大。

表 4-19 的第（4）列至第（6）列给出了以经营性收入为被解释变量的估计结果。结果显示，在 25 分位点时，是否使用互联网的回归系数不显著；而在 50 分位点时，是否使用互联网对经营性收入的影响显著为负；在 75 分位点上，是否使用互联网对经营性收入的影响为负但不显著，同样表明是否使用互联网对经营性收入的影响存在显著的分位点差异特征，即随着分位点的上升，是否使用互联网对居民经营性收入的负面影响逐渐消失。

表 4-19　　　互联网使用对分项收入影响的无条件分位数回归结果

变量	（1）	（2）	（3）	（4）	（5）	（6）
	工资性收入（对数）			经营性收入（对数）		
	Q25	Q50	Q75	Q25	Q50	Q75
互联网使用	0.667 *	0.60 ***	1.11 ***	-0.383	-0.665 ***	-0.107
	(0.37)	(0.06)	(0.06)	(0.42)	(0.11)	(0.07)
控制变量	是	是	是	是	是	是
固定效应	是	是	是	是	是	是
常数项	9.288 *	13.193 ***	12.536 ***	50.871 ***	27.431 ***	16.865 ***
	(4.77)	(0.83)	(0.76)	(5.39)	(1.36)	(0.88)
观测值	15903	15903	15903	15903	15903	15903
R^2	0.525	0.558	0.573	0.534	0.570	0.550

注：括号内数值表示估计系数的标准误；" * "表示在 10% 的统计水平下显著，" ** "表示在 5% 的统计水平下显著，" *** "表示在 1% 的统计水平下显著。

表 4-20 报告了互联网使用强度对总收入的无条件分位数回归结果，结果显示，在 25 分位点时，互联网使用强度的回归系数为 0.034，但不显著。而在 50 分位点时，互联网使用强度回归系数为 0.020，同样不显著。在 75 分位点时，互联网使用强度对居民收入的影响系数依然不显著，但结合回归系数逐渐上升，且标准误未发生明显变化可知，说明互联网使用强度在越过某一门槛值后其可能会对居民收入产生积极作用。

表4-20　　互联网使用强度对总收入影响的无条件分位数回归结果

变量	(1)	(2)	(3)
	总收入（对数）		
	Q25	Q50	Q75
互联网使用强度	0.003 (0.00)	0.002 (0.00)	0.005 (0.00)
控制变量	是	是	是
固定效应	是	是	是
常数项	8.094 *** (1.08)	7.118 *** (1.10)	7.158 *** (1.02)
观测值	2814	2814	2814
R^2	0.745	0.746	0.706

注：括号内数值表示估计系数的标准误；"＊"表示在10%的统计水平下显著，"＊＊"表示在5%的统计水平下显著，"＊＊＊"表示在1%的统计水平下显著。

表4-21报告了互联网使用强度对工资性收入和经营性收入无条件分位数的回归估计结果。结果显示，在以工资性收入为被解释变量时，互联网使用强度在25分位点的回归系数为0.022，且在10%的水平下显著。在50分位点时，互联网使用强度的回归系数为0.018，且在1%水平下显著。在75分位点时互联网使用强度的回归系数为0.018，同样在1%水平下显著，说明互联网使用强度对工资性收入的影响效果存在明显的分位点差异特征，且整体上促进效果越来越明显。在以经营性收入为被解释变量时，互联网使用强度的回归系数均不显著，说明互联网使用强度对于经营性收入的影响不存在明显的分位数特征。

表4-21　　互联网使用强度对分项收入影响的无条件分位数回归结果

变量	(1)	(2)	(3)	(4)	(5)	(6)
	工资性收入（对数）			经营性收入（对数）		
	Q25	Q50	Q75	Q25	Q50	Q75
互联网使用强度	0.022 * (0.01)	0.018 *** (0.01)	0.018 *** (0.01)	0.007 (0.01)	− 0.0004 (0.01)	− 0.003 (0.02)
控制变量	是	是	是	是	是	是
固定效应	是	是	是	是	是	是

续表

变量	(1)	(2)	(3)	(4)	(5)	(6)
	工资性收入（对数）			经营性收入（对数）		
	Q25	Q50	Q75	Q25	Q50	Q75
常数项	7.994*	5.003**	3.515	0.459	15.389***	44.514***
	(4.33)	(2.22)	(2.16)	(2.74)	(3.17)	(5.16)
观测值	2814	2814	2814	2814	2814	2814
R^2	0.767	0.740	0.653	0.742	0.761	0.724

注：括号内数值表示估计系数的标准误；"*"表示在10%的统计水平下显著，"**"表示在5%的统计水平下显著，"***"表示在1%的统计水平下显著。

表4-22报告了互联网使用类型对总收入的无条件分位数回归估计结果。结果显示，在25分位点下互联网使用类型的回归系数为0.261，且在5%的水平下显著。而在50分位点下，互联网使用类型的回归系数为0.158，在1%的水平下显著。在75分位点下，互联网使用类型的回归系数为0.23，且在1%的水平下显著，说明互联网使用类型对总收入的影响同样存在明显的分位点特征，且随着分位点的提高，互联网使用类型对总收入的影响呈先下降后上升的趋势。这表明相对于非工作性互联网使用，工作性互联网使用对于收入的促进作用更为明显。

表4-22　互联网使用类型对总收入影响的无条件分位数回归结果

变量	(1)	(2)	(3)
	总收入（对数）		
	Q25	Q50	Q75
互联网使用类型	0.261**	0.158***	0.23***
	(0.10)	(0.05)	(0.07)
控制变量	是	是	是
固定效应	是	是	是
常数项	5.373***	5.998***	4.779***
	(0.79)	(0.36)	(0.51)
观测值	16022	16022	16022
R^2	0.479	0.530	0.534

注：括号内数值表示估计系数的标准误；"*"表示在10%的统计水平下显著，"**"表示在5%的统计水平下显著，"***"表示在1%的统计水平下显著。

表 4 – 23 则列出了互联网使用类型对工资性收入和经营性收入的回归结果，在以工资性收入为被解释变量时，互联网使用类型对工资性收入的影响存在明显的基于分位点的差异性特征，整体来看，随着分位点的上升，互联网使用类型对工资性收入的影响呈先下降后上升的趋势。而在以经营性收入为被解释变量时，互联网使用类型对经营性收入的影响同样存在明显的分位点差异特征，但随着分位点的上升，互联网使用类型对经营性收入的影响呈先上升后下降的效果。整体来看，互联网使用频率对经营性收入的促进作用相对更强。

表 4 – 23　互联网使用类型对分项收入影响的无条件分位数回归结果

变量	(1)	(2)	(3)	(4)	(5)	(6)
	工资性收入（对数）			经营性收入（对数）		
	Q25	Q50	Q75	Q25	Q50	Q75
互联网使用类型	1.769 ***	0.553 ***	1.053 ***	– 0.970	1.386 ***	1.366 ***
	(0.59)	(0.10)	(0.10)	(0.74)	(0.17)	(0.11)
控制变量	是	是	是	是	是	是
固定效应	是	是	是	是	是	是
常数项	9.787 **	13.481 ***	11.386 ***	53.994 ***	26.753 ***	16.607 ***
	(4.57)	(0.80)	(0.75)	(5.71)	(1.30)	(0.84)
观测值	16022	16022	16022	16022	16022	16022
R^2	0.524	0.551	0.557	0.532	0.569	0.554

注：括号内数值表示估计系数的标准误；" * "表示在 10% 的统计水平下显著，" ** "表示在 5% 的统计水平下显著，" *** "表示在 1% 的统计水平下显著。

三、互联网发展对不同教育水平农村居民收入的影响

在上述章节中，本书已经证明了农村居民个体互联网使用、互联网使用强度和互联网使用类型对居民收入均存在正向影响。但结合现实情况来看，使用互联网通常需要一定的教育水平，如赵建国、周德水（2019）研究指出，个体教育水平的差异会导致其对互联网使用等效果存在不同倾向。结合本书研究来说，对于不同教育水平下的个体，互联网发展对其收入的促进作用可能存在差异。为了探究不同教育水平下农村居民的互联网回报

率，本节引入互联网使用、互联网使用强度、互联网使用类型与教育水平的交叉项。

表4-24列出了以总收入为被解释变量的估计结果。结果显示，互联网使用和教育水平的交叉项系数为0.667，且在1%水平下显著，说明教育水平上升能够进一步加强互联网使用对总收入的促进作用。互联网使用强度和教育水平的交叉项系数为0.008，在1%水平下显著，说明教育水平的提高能够强化互联网使用强度对总收入的促进作用。互联网使用类型和教育水平的交叉项系数为0.283，同样在1%的水平下显著，说明教育水平的提高同样可以强化互联网使用类型对居民收入的正面影响。

表4-24　　　　　教育水平对互联网影响总收入的作用

变量	(1)	(2)	(3)
	总收入（对数）		
互联网使用	-1.382*** (0.14)		
互联网使用×教育	0.667*** (0.05)		
互联网使用强度		-0.022* (0.01)	
互联网使用强度×教育		0.008** (0.00)	
互联网使用类型			-0.655** (0.33)
互联网使用类型×教育			0.283*** (0.09)
控制变量	是	是	是
固定效应	是	是	是
常数项	8.157*** (0.79)	8.164*** (1.42)	7.691*** (0.76)
观测值	15903	2814	16022
R^2	0.053	0.072	0.033

注：括号内数值表示估计系数的标准误；"*"表示在10%的统计水平下显著，"**"表示在5%的统计水平下显著，"***"表示在1%的统计水平下显著。

表4-25的结果显示，互联网使用和教育水平的交叉项系数为1.533，且在1%的水平下显著，说明随着个体受教育水平的提高，互联网使用对工资性收入的促进作用逐渐增强。第（2）列和第（3）列的结果显示，互联网使用的重要性认知与教育水平的交叉项、互联网使用频率与教育水平的交叉项的回归系数均显著为正。但整体来看，是否使用互联网的交叉项系数相对较高，这说明教育水平能够提高互联网使用、对互联网重要性的认知和互联使用频率对收入的促进作用，但对于使用互联网对收入增长的边际效应更为明显。这可能是对未使用互联网的个体而言，教育水平的提高能够促使个体运用互联网信息技术了解更多的求职信息和其他企业的工资水平，一方面能够降低个体和企业的信息不对称，避免遭受劳动剥削；另一方面能够应用互联网信息技术学习更多的技能，提高工人的技能水平，进而促进工资性收入的上升。但对互联网使用重要性的认知和使用频率而言，其对收入促进的边际效应相对较弱。

表4-25　　　　　　　　教育水平对互联网影响工资收入的作用

变量	(1)	(2)	(3)
	工资性收入（对数）		
互联网使用	-2.916*** (0.28)		
互联网使用×教育	1.533*** (0.09)		
互联网使用强度		-0.015 (0.03)	
互联网使用强度×教育		0.011 (0.01)	
互联网使用类型			-0.52 (0.65)
互联网使用类型×教育			0.563*** (0.18)
控制变量	是	是	是
固定效应	是	是	是

续表

变量	(1)	(2)	(3)
	工资性收入（对数）		
常数项	9.651 *** (1.55)	5.186 (3.54)	7.965 *** (1.50)
观测值	15903	2814	16022
R²	0.077	0.035	0.050

注：括号内数值表示估计系数的标准误；"＊"表示在10%的统计水平下显著，"＊＊"表示在5%的统计水平下显著，"＊＊＊"表示在1%的统计水平下显著。

表4-26报告了以经营性收入为被解释变量的估计结果，和前述分析一致，本部分重点关注互联网使用、互联网使用强度和互联使用类型三个变量与教育水平的交叉项。结果显示，交叉项系数均显著为正，且互联网使用与教育水平的交叉项系数最大，而互联网使用强度与教育水平的交叉项系数相对最小。这说明对于经营性收入而言，教育水平的上升能够进一步强化互联网使用、互联网使用强度对经营性收入的促进作用，而互联网使用类型与教育水平交叉项系数并不显著。但与工资性收入相比，以经营性收入为被解释变量时各变量与教育水平的交叉项系数均相对较小，这说明虽然教育水平能够提高互联网使用、对互联网重要性的认知和互联使用频率对居民经营性收入的正向作用，但影响效果要弱于工资性收入。

表4-26　　　　教育水平对互联网影响经营收入的作用

变量	(1)	(2)	(3)
	经营性收入（对数）		
互联网使用	-1.028 *** (0.28)		
互联网使用×教育	0.304 *** (0.10)		
互联网使用强度		-0.054 * (0.03)	
互联网使用强度×教育		0.017 ** (0.01)	

变量	(1)	(2)	(3)
	经营性收入（对数）		
互联网使用类型			0.682 (0.65)
互联网使用类型×教育			0.138 (0.19)
控制变量	是	是	是
固定效应	是	是	是
常数项	26.090 *** (1.58)	20.441 *** (3.23)	25.084 *** (1.51)
观测值	15903	2814	16022
R^2	0.188	0.246	0.188

注：括号内数值表示估计系数的标准误；"＊"表示在10%的统计水平下显著，"＊＊"表示在5%的统计水平下显著，"＊＊＊"表示在1%的统计水平下显著。

本章小结

本章使用CFPS2010年、2014年和2016年三个年度的数据，实证检验了互联网对农村居民收入差距的影响；考虑横截面数据可能存在的遗漏变量以及内生性问题，进一步开展了内生性和稳健性检验。具体来说，通过固定效应模型对2010～2016年面板数据进行估计，并通过改变解释变量和改变被解释变量的测度方法对研究结论进行了稳健性检验。进一步，通过区分收入差距类型，借鉴已有文献的做法，将收入差距细分为工资收入差距、经营性收入差距、财产收入差距和转移收入差距四类，并检验互联网发展对四类收入差距的影响进行分析，从而更为全面地剖析互联网普及情况对收入差距的影响。本章得出如下结论。

第一，互联网会扩大农村居民之间的收入差距。在解决了内生性问题和稳健性检验之后结果依然成立。这就验证了研究假设H4-1，即互联网通过影响农村居民收入，扩大了收入差距。

第二，互联网普及对农村居民工资性收入差距和经营性收入差距均会产生显著正向影响，即扩大了工资性收入差距和经营性收入差距。相较之下，互联网普及对工资性收入差距的影响更大。然而互联网普及对财产性收入差距和转移收入差距的影响并不显著。这就验证了研究假设 H4－2 和假设 H4－3，即互联网通过影响农村居民工资性收入，扩大了工资性收入差距；互联网通过影响农村居民经营性收入，扩大了经营性收入差距。

第三，互联网普及对西部地区工资收入差距的促进作用更显著，而对于东部和中部地区工资收入差距的促进作用相对较低。互联网普及对地区经营性收入差距的影响主要集中在东部地区。互联网普及会扩大东部地区的财产性收入差距，但是会抑制西部地区的财产性收入差距。然而无论是东部、中部还是西部，互联网普及对地区转移性收入差距的影响均不显著。分市场化水平来看，在市场化水平较低的地区，互联网普及对居民工资性收入差距的影响更明显。在市场化水平较高的地区互联网普及对经营性收入差距的影响效果更明显。分年龄差异来看，与青年组相比，互联网普及对中年农村居民工资收入差距和经营性收入差距的影响更大。分教育水平来看，提高居民的教育水平能够在一定程度上降低互联网普及对工资性收入差距和经营性收入差距的影响。

第四，从分位数回归和学历两方面进行分析，首先，通过分位数回归估计结果可知在不同分位数的样本中互联网使用对于居民的收入、工资性收入和经营性收入的促进作用存在差异，且整体来看对于高分点的样本促进作用更大，这在一定程度上揭示了互联网对收入差距、工资性收入差距和经营性收入差距影响的具体过程，即互联网使用虽然整体上提高了居民的收入，但对不同农民群体收入的促进作用存在差异，且对于高收入群体的促进作用较强，这进一步扩大了收入差距。其次，本书引入互联网发展和学历的交互项进行分析，研究发现对于不同教育水平下的居民而言，互联网使用对其收入的促进作用同样存在差异，且对于教育水平高的群体促进作用较强，这进一步扩大了收入差距。

第五章

互联网发展影响农村居民收入
差距的机制：互联网发展的
就业效应

　　第四章的分析显示，互联网发展对农村居民收入的影响具有显著的异质性特征，对不同分位数居民收入的影响存在显著差异，并且对高收入居民的收入促进效应更强。正是由于互联网发展对居民收入影响的异质性，互联网发展显著加剧了农村居民收入差距。然而，我们对互联网发展通过何种渠道影响居民收入，以及为何会对居民收入产生异质性影响仍然所知甚少。劳动收入是居民收入的主要构成部分，要准确理解互联网发展对居民收入以及收入分布的影响，离不开对互联网发展的就业效应的考察。因此，为了更加深入地揭示互联网发展影响农村居民收入继而影响收入差距的机制，本章将聚焦农村居民就业，从劳动参与率、就业类型和农村居民创业等多个角度出发，详细分析互联网发展的就业效应。本章第一节给出实证分析背后的理论框架和在此基础上提炼的研究假设；第二节给出了实证分析所需的数据和计量模型；第三节是互联网发展影响农村居民就业和创业活动的实证分析；第四节进一步检验了互联网发展影响农村居民收入差距影响的机制，重点考察了互联网发展对不同受教育水平农村居民就业概率、就业类型、创业概率和创业类型的影响；最后一节是结论。

第一节　理论框架与研究假设

当前，大多数国家无可争议地已经进入或者正在迈进信息技术时代。然而，不同国家、城乡、不同地区和不同群体之间依然存在数字信息红利差异，未能实现平等分享数字信息红利这一目标。[①] 互联网存在普及差距和能力差距，这些差距带来的社会经济后果正日益显现，其中一种表现形式就是群体内部的收入差距。农民既得益于数字信息红利，又面临复杂多变的数字化挑战。前文已经证明了互联网普及会正向影响居民的收入差距，且这种影响主要集中在工资性收入差距和经营性收入差距，即互联网普及恶化了经营性收入差距和工资性收入差距，两者相比，对经营性收入差距的影响效果更明显。互联网普及对转移性收入差距和财产性收入差距的影响不显著。因此，本章主要探讨互联网发展对农村居民收入差距及分项收入差距影响的机制。

一、理论框架

劳动收入是居民收入的主要构成部分，要准确理解互联网发展对居民收入以及收入分布的影响，离不开对互联网发展的就业效应的考察。由于劳动报酬存在不同，因此家庭各成员之间从事劳动工作的机会成本也不同。在既定的家庭规模下，从事务工和务农工作的家庭成员也会不同。家庭成员在选择务工方面存在比较优势，这就需要家庭成员根据自身优势来选择可以获得最高工资水平的劳动。家庭成员在从事农业劳动方面的差别不大，在从事非农劳动方面却可能存在较大差异。因此农户会在农业劳动和非农业劳动中进行比较，并选择收入较高的工作。农民在外出打工即就业或者从事非农生产活动即经营活动时，所获得的收入高于从事农业活动所带来的收入（Low，1986），即工资性收入和经营性收入占家庭总收入比重较大，这一分析结果与前文数据结果一致。国家统计局数据显示，2021 年全国全年农村外出务工劳

---

① 来自 2016 年世界银行报告。

动力总量为 1.7 亿人，同比增长 1.3%。[①] 随着城镇化的快速发展，向城镇流动的农村劳动力正在逐年增加，非农收入已成为农村劳动力的主要收入来源。另外，互联网发展会通过改变农村获取信息的方式和获取信息的数量，进而影响农民对劳动类型的选择，从而改变家庭的收入结构和收入水平，进而对农村居民的收入差距产生影响。因此，在新常态背景下，厘清互联网如何影响农村居民的非农收入是实现农村精准扶贫的关键环节。

将收入分不同类型来看，使用互联网在促进就业方面起到重要作用，就业可以帮助劳动者提高工资性收入。互联网为居家办公提供了便利，劳动力可以通过网络会议、网络学习和网络培训等方式不耽误疫情期间的工作任务。通过使用互联网，劳动力的就业方式发生了改变。

以往研究主要从以下研究视角展开。一是工作搜寻角度。从信息搜寻视角来看，互联网使用使劳动者就业方式发生了改变，主要是使用互联网后劳动者工作搜寻质量明显高于传统媒体，如报纸、杂志、广播等（Feldman and Klaas，2002）。二是技能偏向角度。希克斯（John Hicks，1932）[②] 认为生产要素的价格不断变化，而技术进步更倾向于价格相对便宜的生产要素。然而早期学者并未研究研发主体的决策活动，缺乏微观基础（Nordhaus，1973），即早期研究中对技术进步偏向的概念较为模糊。阿西莫格鲁（Acemoglu，2002）弥补了微观基础缺失这一空白，具体通过函数形式对这个概念进行数理定义，假定生产函数形式为 $F(L,Z,A)$，L 指的是劳动要素，Z 指的是另一种要素，A 代表技术进步。如果 A 能够带来 L 的边际产出提高，那么 A 就偏向于 L，反之则 A 偏向于 Z。尽管新古典增长模型认为技术进步是中性的，假设资本与劳动的替代弹性为 1，然而当互联网使用不断向生产和消费领域推进时，技能劳动和非技能劳动之间出现技术进步分化，技术进步呈现偏向性。王子敏（2017）利用流动人口态监测数据，解释了在技能偏向的作用下，互联网使用对农村流动人口就业产生的替代效应和收入效应。当替代效应大于收入效应时，技能偏向会导致企业对于农村流动人口的就业数量需求降低，反之，则导致企业对于农村流动人口的就业

---

① 数据来自《2021 年农民工监测调查报告》，http://www.gov.cn/xinwen/2022-04/29/content_5688043.htm。

② John Hicks 在《工资理论》一书中提出技术进步偏向的思想。

数量需求提高。技能偏向理论为学者们研究互联网和工资性收入差距问题提供了坚实的理论基础。三是家庭内部分工角度。家庭内部分工实际上指的是个体在市场工作、家庭生产和闲暇之间进行选择。互联网使用通过改变个体在家庭生产和闲暇中花费的时间从而影响其就业决策，主要是节约了其在家庭生产和闲暇中花费的时间，使得个体有更多的时间在市场工作，即明显地促进就业。

使用互联网在促进创业方面起到重要作用，创业有助于农民提高经营性收入。家庭创业决策会受到信息沟通的影响，互联网作为一种信息交流沟通的媒介，有助于创业者在创业决策前获取有价值的信息并提前把握商机。创业需要大量的资金和资源支持，恰好互联网作为融资的媒介可以为创业者提供资金支持，作为信息发布和搜集平台可以提供资源支持。互联网给农村居民带来了丰富的信息获取渠道以及多元化的社交方式（Tsai，2001），恰好对于创业而言非常需要的正是识别机会和获取资源（Xiao et al.，2010），社会网络能够帮助家庭提高创业收入（周广肃、樊纲，2018），特别是在家庭创业选择需要依靠亲戚等家庭关系提供物质资本支持的情况下，社会网络在资源约束严重的农村地区显得尤为重要（张博等，2015）。社会网络有助于提升农村居民对特定商业活动和市场动态的深入认识，进而增加其创业收入和经营收入（Larson，1992；Lin，2002；Ardichvili，et al.，2003）。从理论上讲，互联网会对家庭创业决策产生促进作用，同时也提高了农村居民自我雇佣概率。家庭创业和自我雇佣的概率增加进一步带来经营性收入的增加。毛宇飞、曾湘泉（2017）研究发现互联网使用不仅可以促进女性自雇型就业，也能促进其非自雇型就业。这一结论解释了互联网使用不仅促进非自雇型就业进而增加劳动者的工资性收入，同时也促进自雇型就业进而增加劳动者的经营性收入。

互联网发展对农村居民收入差距影响的机制主要从就业、创业的机会、就业类型和创业规模等多方面开展。农村居民获取工资性收入和经营性收入的主要途径是就业，因此要弄清楚互联网发展如何影响工资性收入，就需要先厘清互联网发展对就业的影响。首先，从信息搜寻视角来看，互联网发展使求职者更方便获取更优质的工作信息，直观上降低了工作搜寻过程中的信息成本，从而便于求职者和雇主更高效、更精准地完成匹配，通过减少职业搜寻的时间成本和地理限制，提高就业概率。其次，从不同就业类型①来看，互联网发展究竟如何影响农民就业、对不同就业类型的影响分别是怎样的、不同特征群体之间存在何种差异都值得研究。最后，从家庭创业角度来看，互联网发展已经成为农村居民创业的重要推动力（苏岚岚、孔荣，2020）。互联网发展影响家庭创业决策主要体现在以下几方面。

第一，互联网作为信息传播和交流的一种媒介，有助于创业者在创业前提早把握商机以及做好信息沟通。互联网在资源和信息获取方面具有优势，互联网能够提供及时海量的信息及多元化的社交方式，这些优势能够为创业者提供更多的学习机会（Tsai，2001）。

第二，农村居民的创业决策少不了资金的支持，互联网改变了传统的融资方式，催生了以互联网为媒介的融资方式，这种新型融资方式有助于缓解创业的融资约束。

第三，互联网可以促进社会资本的积累，强化创业成功的示范效应，进而影响家庭创业决策。家庭创业决策②这一具体变量设置在后面的数据描述中会有详细阐述。互联网发展对农村居民家庭创业决策影响具有异质性，这种差异造成了农村居民收入差距。

第四，从创业规模来看，使用互联网对不同农村劳动力从事创业规模的影响程度不同，探究对创业规模影响的异质性，有助于深入了解互联网影响农村居民经营性收入差距的内在原因。

具体地，互联网对农村居民收入差距的影响机理如图 5-1 所示。

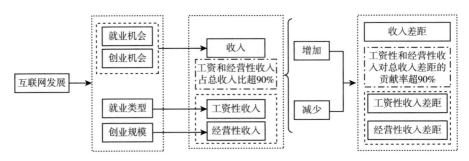

图 5-1　互联网发展对农村居民收入差距的影响机理

---

① 就业类型包括农业受雇工作、非农受雇工作、非农私营或个体户工作四大类。

② 家庭创业决策通过"过去一年您家是否有家庭成员从事个体经营或开办私营企业"这一问题来测度。

二、研究假设

互联网发展影响就业主要从以下四个方面来理解。

一是互联网发展有助于农村居民搜寻就业机会，改变收入，进而影响收入差距。对于农村劳动者来说，互联网可以帮助他们在就业市场上获得更多的就业信息，促进其就业意愿，从而让其能够更好地进行工作匹配。互联网搜寻工作求职信息，帮助劳动者在获取求职信息以及其他信息时可以花费更少的时间及金钱成本。互联网使用者通过更便捷地获取信息资源、缩短工作搜寻时间及减少搜寻成本等方式获得工资溢价。此外，互联网通过扩展相关产业发展（如快递、仓储、包装、培训等电子商务各细分领域发展），创造新的就业岗位，进而增加农村居民的收入。

二是互联网发展改变农村居民的就业类型，改变收入，进而影响收入差距。根据工作搜寻理论，劳动力市场主要由企业职位空缺和寻求工作机会的求职者组成。农村居民通过互联网进行工作搜寻，可以提高劳动力市场上的匹配效率，进而更高效地获取就业机会，其中也包括非农工作受雇类型的工作。更多的就业机会和更低的搜寻成本就意味着更高的工资收入。互联网发展对农村居民非农就业的影响具有异质性，即为不同特征的农村居民带来的非农就业影响不同。相较于受教育水平较低的农村居民，受教育水平较高的农村居民使用互联网容易以较低成本获取大量招聘信息，降低因信息不对称带来的待业风险，找到满意的工作，增加其非农收入。此外，基于前文分析，互联网带动相关产业发展所创造出的就业岗位如快递、仓储、包装、培训等主要是非农就业类型，因此农村剩余劳动力会向非农就业岗位转移（Gao et al.，2018），进而增加其非农就业收入。此外，农民还可通过互联网运营电商平台，增加自主创业的机会，进而带来更高的非农收入。根据上述分析，从理论上讲，互联网对农村居民非农就业具有促进作用，相较于受教育水平较低的农村居民，对受教育水平较高的农村居民非农就业带来的促进作用更大。

三是互联网发展改变农村居民搜寻创业机会，改变收入，进而影响收入差距。根据创业理论，创业过程需要创业组织和个人不断学习，不断适应环境，最终实现创业目标。人们使用互联网进行信息传递，可以为其增加社会资本。社会资本与获得创业相关信息两者间呈正相关关系，获得创业机会的个体会得到更高收入。基于三部门动态经济增长理论，个人职业选择受其初始财富禀赋的限制，更多社会资本、初始财富、人力资本的农户会进行寻租以获得创业机会，从而为他们带来更高的收入，长期造成了创业农户与非创业农户的收入不平等，即更高人力资本的农户更倾向通过创业机会获得更高收入（Banerjee et al., 1993）。这就解释了由于个人特征差异存在，创业农户与非创业农户群体之间产生了收入差距。

四是互联网发展改变农村居民的创业规模，改变收入，进而影响收入差距。农村居民在资源禀赋方面存在明显差异，这种资源禀赋差异造成农村居民个体间互联网使用的能动性及经济效果等也不同。农村居民个体成员人力资本水平（受教育程度、互联网知识技能等相关培训经历）越高，其对互联网知识的学习和利用能力越强。农村居民个体对互联网知识的学习和利用能力越强，其越有可能增强将所学知识运用到生产经营活动中的积极性和主动性。互联网技术采用对不同特征农户在生产经营尤其是创业实践中利用互联网功能以发挥互联网的经济效应不同，最终导致个体间创业规模和创业绩效差距的形成。理论上，由于资源禀赋和能力等方面的差异，互联网技术采用对农村居民从事生产经营活动产生的经济效果不同，互联网发展对资源禀赋和人力资本较高农村居民创业规模和创业绩效的促进作用更大。根据上述分析，互联网发展通过改变农村居民的就业，影响收入，进而影响收入差距。不同特征群体之间收入差距是否缩小将取决于滞后群体是否能够取得更大边际收益。

本书发现互联网发展影响就业主要体现在就业机会、就业类型、创业机会和创业规模四个方面。具体地，互联网可以帮助劳动者在就业市场上获得更多的就业信息，从而让其能够更好地进行工作匹配；分就业类型来看，互联网对受教育水平较高的农村居民非农就业带来的促进作用更大；在创业机会方面，互联网通过信息传递，为使用互联网的人们增加了社会资本，社会资本与获得与创业相关信息两者间呈正相关关系；在创业规模方面，互联网技术采用对农村居民从事生产经营活动产生的经济效果不同，这是由于农村居民在资源禀赋和能力等方面存在差异，最终表现出互联网发展对资源禀赋和人力资本较高农村居民创业规模和创业绩效的促进作用更大。根据上述分析，为了厘清互联网发展对农村居民收入差距的影响机制，特提出如下研究假设。

H5-1：互联网发展加大了不同教育水平群体的就业概率差异，从而改变群体收入差异，影响收入差距。

H5-2：互联网发展加大了不同教育水平群体的就业类型差异，从而改变群体收入差异，影响收入差距。

H5-3：互联网发展加大了不同教育水平群体的创业概率差异，从而改变群体收入差异，影响收入差距。

H5-4：互联网发展加大了不同教育水平群体的创业规模差异，从而改变群体收入差异，影响收入差距。

第二节　数据和计量模型设定

一、数据来源和变量选择

和前文研究一样，本节使用 2010 年、2014 年和 2016 年的 CFPS 数据。[①]对于原始数据，本书进行如下处理：（1）基于国家统计局资料的城乡分类和户口类型，仅保留样本类型为"农村"的样本；（2）剔除年龄大于 60 周岁或小于 18 周岁的样本；（3）剔除主要变量缺失的样本。处理后的样本包含 3344 个家庭，16022 名个人，分布在全国 162 个县区。

1. 被解释变量

包括就业概率、就业类型、创业概率和创业规模四个方面。

是否就业（*Job*），若居民在第 *t* 年就工作则取值为 1，否则取值为 0。

就业类型（*Jobtype*），根据调查问卷中个体所回答的工作类型，本书把就业类型分为两类，其中农业工作受雇取值为 0，非农业工作受雇取值为 1。

创业（*Business*），根据问卷中的问题"过去一年您家是否有家庭成员从事个体经营或开办私营企业？"进行定义，若回答是则取值为 1，否则取值为 0。

---

① 2012 年数据中未包括互联网使用情况，且 2018 年问卷中并未给出区县顺序码从而无法计算区县层面基尼系数和互联网普及情况。

创业规模（*Business_size*），根据 CFPS 问卷中"过去 12 个月，您的家庭成员从事几项个体经营活动或开办几家私营企业"进行测算，以农户的实际值进行度量。

2. 解释变量

互联网使用（*Int_peo*）。在 CFPS 2010 年和 2014 年的调查中，互联网使用的问题为"你/您是否上网"，选项为"是"和"否"，选择"是"赋值为 1，选择"否"赋值为 0。在 CFPS2016 年的调查中，互联网使用的问题有两个，一个是"是否使用移动设备，比如手机、平板，上网"，选项为"是"和"否"；另一个是"是否使用电脑上网"，选项为"是"和"否"。综合两个问题的答案，如果被访者在两个问题选择了至少一项"是"，则赋值为 1，如两个问题都选择"否"，赋值为 0。因此使用互联网变量为虚拟变量，使用互联网赋值为 1，未使用互联网赋值为 0，对是否使用互联网进行直接衡量。

互联网使用强度（*Int_intensity*）。根据相应的问卷调查中关于"最近非假期的一个月内平均每天上网的时间（分钟）"变量计算得到，并进行对数处理。

3. 控制变量

本节与现有文献基本一致，在控制变量的选取上主要包括个体层面和家庭层面的内容。个体层面的控制变量主要包括年龄（*age*）、性别（*gender*）、教育程度（*edu*）、就业状况（*jobness*）、婚姻状况（*marriage*）、健康状况（*health*）、保险购买情况（*insurance*）。家庭层面的控制变量主要包括家庭规模（*familysize*）、是否拥有私营企业（*privatecor*）以及拥有的住房数量（*housenum*）。变量的详细赋值情况参见表 5 - 1。

表 5 - 1　　　　　　　　　　变量说明表

变量类型	变量名称	变量说明
被解释变量	就业	包括是否就业、就业类型、创业和创业规模
解释变量	互联网使用	包括是否使用互联网和互联网使用强度
个体变量	年龄	户主实际年龄（岁）
	性别	女性 = 0，男性 = 1
	教育水平	文盲/半文盲 = 1，小学 = 2，初中 = 3，高中 = 4，大专 = 5，本科 = 6，硕士 = 7，博士 = 8

续表

变量类型	变量名称	变量说明
个体变量	就业类型	私企、外企及其他 = 0，国企、公务员、事业单位 = 1
	婚姻状况	未婚、丧偶、离婚、同居 = 0，已婚（有配偶）= 1
	健康水平	不健康 = 1，一般 = 2，比较健康 = 3，很健康 = 4，非常健康 = 5
	保险购买情况	有保险 = 1，没有 = 0
家庭变量	家庭规模	家庭同住人口数
	私营企业	有私营企业 = 0，没有私营企业 = 1
	住房数量	除现住房外拥有房产的数量

4. 描述性统计

表 5 - 2 报告了主要变量的样本描述性统计结果。结果显示，是否就业的均值为 0.840，就业类型的均值为 0.212，创业概率的均值为 0.268，创业规模的概率为 0.053。从个体互联网的各项指标来看，其中互联网使用强度的标准差较大，说明个体对于互联网使用强度存在较大差异，而互联网使用和互联网使用类型的差异相对较小。各控制变量的描述性统计结果和相关研究相近，一定程度上说明本书的数据处理的准确性。

表 5 - 2　　　　　　　　　描述性统计

变量	均值	p50	标准差
就业概率	0.840	1	0.366
就业类型	0.212	0	0.409
创业概率	0.268	0	0.443
创业规模	0.053	0	0.185
互联网使用	0.112	0	0.315
互联网使用强度	8.452	6	9.517
年龄	43.23	45	9.482
性别	0.488	0	0.500
教育程度	2.270	2	1.029
就业状况	0.021	0	0.142
婚姻状况	0.928	1	0.259
健康状况	3.411	4	1.312

143

变量	均值	p50	标准差
保险购买情况	2.192	1	1.919
家庭规模	4.594	4	1.779
私营企业	0.068	0	0.252
住房数量	0.158	0	0.433

数据来源：CFPS 2010 年、2014 年和 2016 年数据。

二、计量模型

本节首先关注互联网对农村居民就业和创业的影响，关于就业从就业概率和就业类型两个方面进行分析，关于创业从是否创业和创业规模两个方面进行分析，并设置如下计量模型进行分析：

$$Y_{it} = \beta_0 + \beta_1 Internet\_Peo_{it} + \sum X_{it} + \delta_t + \mu_{it} \qquad (5-1)$$

$$Y_{it} = \vartheta_0 + \vartheta_1 Int\_intensity_{it} + \sum X_{it} + \delta_t + \mu_{it} \qquad (5-2)$$

其中 Y_{it} 包含上述分析的是否就业（Job）、就业类型（$Jobtype$）、创业（$Business$）和创业规模（$Business\_size$）四个变量，这里重点关注互联网使用、互联网使用强度和互联网使用类型的回归系数。

进一步，本小节关注不同受教育水平下，互联网使用、互联网使用强度和互联网使用类型对居民就业的影响，并设置如下包含交互项的计量模型进行检验：

$$Y_{it} = \pi_0 + \pi_1 Internet\_Peo_{it} + \pi_2 edu_{it} + \pi_3 Int\_Peo_{it} \times edu_{it}$$
$$+ \sum X_{it} + \delta_t + \mu_{it} \qquad (5-3)$$

$$Y_{it} = \rho_0 + \rho_1 Int\_intensity_{it} + \rho_2 edu_{it} + \rho_3 Int\_intensity_{it} \times edu_{it}$$
$$+ \sum X_{it} + \delta_t + \mu_{it} \qquad (5-4)$$

其中下标 i 表示个体，t 表示年份，$\sum X_{it}$ 表示控制变量集合，Y_{it} 包含上述分析的是否就业（Job）、就业类型（$Jobtype$）、创业（$Business$）和创业规模（$Business\_size$）四个变量，本部分重点关注交叉项的回归系数，即分别在不同受教育水平下，互联网如何影响农村居民的就业情况。

第三节 互联网发展对农村居民就业和创业活动的影响

一、互联网发展对农村居民就业概率的影响

表5-3列出了互联网使用和互联网使用强度对农村居民就业概率的影响。结果显示，第（1）列中互联网使用的回归系数为0.225，且在1%的水平下显著，说明互联网使用每提高1个百分点，居民的就业概率会提高0.225个百分点。搜寻理论提出，互联网可以减少信息不对称从而提高市场匹配效率，提高就业率。具体来说，求职者通过互联网可以快速地获取求职相关信息，缩短求职时间，提高求职效率。人力资本理论认为学习有助于提升人力资本，较高的人力资本让求职者在劳动市场上具有更高的市场竞争力，有助于其就业。互联网使用可以帮助求职者通过学习提升人力资本，从而促进就业。这和前文对于互联网的分析结论一致，即农村居民通过使用互联网，不仅可以消除自身和就业市场中的信息不对称，获取更多的就业信息，还能够通过互联网的学习效应，提高技能水平，进而提高就业概率。第（2）列的结果显示，互联网使用强度的回归系数为-0.001，说明互联网使用强度的提高并不能影响农村居民的就业概率，这说明使用互联网对农村居民就业的影响尚不存在显著的使用规模影响。

表5-3　　　　　　　互联网发展影响农村居民就业概率的分析

变量	（1）	（2）
	就业概率	
互联网使用	0.225 *** (0.05)	
互联网使用强度		-0.001 (0.00)
控制变量	是	是

续表

变量	(1)	(2)
	就业概率	
固定效应	是	是
常数项	- 0. 597 *** (0. 11)	- 0. 299 (0. 29)
观测值	15732	2805
R²	0. 169	0. 122

注：括号内数值表示估计系数的标准误；" * "表示在10%的统计水平下显著，" ** "表示在5%的统计水平下显著，" *** "表示在1%的统计水平下显著。

二、互联网发展对农村居民就业类型的影响

表5－4列出了互联网使用和互联网使用强度对农村居民就业类型的影响。第（1）列的结果显示，互联网使用的回归系数为0.267，且在1%的水平下显著，说明农村居民使用互联网能够提高其非农受雇就业概率。这和前文的理论分析结果保持一致，即互联网带来农村居民技能水平提高和信息获取能力的上升有助于其获取更多的就业机会，且互联网的广泛使用通过提高劳动力市场的供需匹配效率，减少了失业者人数，让更多的农村劳动者愿意参与就业活动，特别是参与非农工作。第（2）列的结果显示，互联网使用强度的回归系数均不显著，这说明互联网使用强度并不会影响农村居民的就业类型。

表5－4　　　　　互联网发展影响农村居民就业类型的分析

变量	(1)	(2)
	就业类型	
互联网使用	0. 267 *** (0. 07)	
互联网使用强度		- 0. 006 (0. 00)
控制变量	是	是
固定效应	是	是

续表

变量	（1）	（2）
	就业类型	
常数项	−0.233 （0.18）	0.881** （0.36）
观测值	4673	1033
R^2	0.048	0.116

注：括号内代表估计系数的标准误；" * "代表在10%的统计水平下显著，" ** "代表在5%的统计水平下显著，" *** "代表在1%的统计水平下显著。

三、互联网发展对农村居民创业概率的影响

表5-5列出了互联网使用和互联网使用强度对农村居民创业的影响。第（1）列的结果显示，互联网使用的回归系数为0.198，且在1%的水平下显著，说明相比不使用互联网的人群，使用互联网的人群创业的概率会高出0.198个百分点。这一结论和前文的分析结果一致，即互联网具有传播速度快、传播范围广等优势，使用互联网的农民可以及时掌握国家政策和市场行情，及时更新与创业相关的知识和技能，从而提高其创业概率。与此同时，创业离不开广泛的社会网络体系，互联网普及让农民能够以相对较低的成本维持社会网络体系，支持创业活动。第（2）列的结果显示，互联网强度的回归系数为正但不显著，说明互联网使用强度并不会显著影响农村居民的创业行为。

表5-5 互联网发展影响农村居民创业概率的分析

变量	（1）	（2）
	创业概率	
互联网使用	0.198*** （0.06）	
互联网使用强度		0.005 （0.01）
控制变量	是	是

续表

变量	(1)	(2)
	创业概率	
固定效应	是	是
常数项	-1.048***	-0.858**
	(0.13)	(0.34)
观测值	15903	2814
R^2	0.549	0.623

注：括号内数值表示估计系数的标准误；"*"表示在10%的统计水平下显著，"**"表示在5%的统计水平下显著，"***"表示在1%的统计水平下显著。

四、互联网发展对农村居民创业规模的影响

表5-6列出了互联网使用和互联网使用强度对居民创业规模的影响。第（1）列的结果表明，互联网使用的回归系数为0.04，且在1%的水平下显著，说明相比不使用互联网的人群而言，使用互联网的人群人均创业规模会大出0.04个百分点。表明使用互联网不仅会影响农村居民的创业行为，还会影响居民的创业规模。这是由于，社会网络体系不仅会影响农村居民的创业决策，也会正向影响其创业规模。农村居民借助互联网可以更好地维持社会网络体系，从而为其创业规模带来积极的促进作用。第（2）列的结果表明，互联网使用强度的回归系数为正但不显著，说明互联网使用强度的变化并不会影响居民的创业规模。

表5-6 互联网发展影响农村居民创业规模的分析

变量	(1)	(2)
	创业规模	
互联网使用	0.04***	
	(0.00)	
互联网使用强度		0.0001
		(0.00)
控制变量	是	是

续表

变量	（1）	（2）
	创业规模	
固定效应	是	是
常数项	−0.005 （0.00）	0.005 （0.01）
观测值	15903	2814
R^2	0.927	0.874

注：括号内数值表示估计系数的标准误；"＊"表示在10%的统计水平下显著，"＊＊"表示在5%的统计水平下显著，"＊＊＊"表示在1%的统计水平下显著。

第四节　互联网发展影响农村居民就业和创业活动的异质性：按教育分组

一、互联网发展对不同教育水平农村居民就业概率的影响

表5-7列出了不同教育水平下，互联网使用和互联网使用强度对农村居民就业的影响。第（1）列结果显示，互联网使用和教育水平的交叉项系数为0.183，且在1%的水平下显著，说明随着教育水平的提高，互联网使用对农村居民就业的促进作用进一步加强，这与前文的分析一致，即互联网使用存在一定的教育水平门槛。第（2）列结果显示，互联网使用强度和教育水平的交叉项系数为0.015，同样在1%的水平下显著，说明在教育水平较高的居民中，互联网使用强度对农村居民就业的促进作用较为明显。这是因为，受教育水平相对较低的群体人力资本水平过低，而受教育水平更高的农村群体表现出更高的人力资本，更容易接受并使用互联网。与此同时，随着教育水平的提高，互联网使用时长的增加会显著提高农村居民就业概率，这是因为利用互联网进行工作搜寻需要花费相当的时间，若时间过短，效果无法充分显现。

表 5-7   教育水平对互联网影响农村居民就业的影响分析

变量	(1)	(2)
	就业概率	
互联网使用	-0.307 ** (0.15)	
教育	-0.008 (0.01)	-0.005 (0.05)
互联网使用 × 教育	0.183 *** (0.05)	
互联网使用强度		-0.037 *** (0.01)
互联网使用强度 × 教育		0.015 *** (0.01)
控制变量	是	是
常数项	-0.586 *** (0.11)	0.004 (0.30)
观测值	15732	2805
R^2	0.152	0.035

注：括号内数值表示估计系数的标准误；"＊"表示在 10% 的统计水平下显著，"＊＊"表示在 5% 的统计水平下显著，"＊＊＊"表示在 1% 的统计水平下显著。

二、互联网发展对不同教育水平农村居民就业类型的影响

表 5-8 列出了不同教育水平下，互联网使用和互联网使用强度对农村居民就业类型的影响。根据表 5-8 的第（1）列结果可知，互联网使用和教育水平的交叉项系数为 0.104，且在 5% 的水平下显著。说明农村劳动者受到的教育水平越高，越能利用互联网。对于教育水平较高的农村居民，互联网使用对于其从事非农业受雇的概率相对较高，即教育水平较高时，农村居民更有可能通过互联网等信息技术从事非农业工作。第（2）列的结果表明互联网使用强度和教育水平的交叉项系数为 0.009，且在 5% 的水平下显著，表明对于教育水平较高的人群，互联网使用强度的提高同样会促使农村居民倾向于从事非农业工作。造成该结果的原因可能是，根据技能

偏向型技术进步理论，技术进步对不同技能劳动者产生的影响是有偏的。互联网属于技能偏向型技术进步，它对受教育水平较高的农村劳动者影响更大。受教育水平较低的农村个体在劳动力市场上不具备竞争优势。与其相比，受教育水平较高的农村个体可以更好地通过互联网搜索准确获取与之相匹配的求职信息，并通过互联网平台获取更多知识以提升其自身技能水平，即受教育水平越高的农村劳动者能更好地利用互联网，从而带来受雇于非农工作的概率上升。

表 5 - 8　　　教育水平对互联网发展影响农村居民就业类型的影响分析

变量	(1)	(2)
	就业类型	
互联网使用	- 0. 054 (0. 18)	
教育	0. 068 *** (0. 03)	- 0. 102 * (0. 05)
互联网使用 × 教育	0. 104 ** (0. 05)	
互联网使用强度		- 0. 034 ** (0. 01)
互联网使用强度 × 教育		0. 009 ** (0. 00)
控制变量	是	是
常数项	- 0. 196 (0. 18)	1. 114 *** (0. 38)
观测值	4673	1033
R^2	0. 325	0. 250

注：括号内数值表示估计系数的标准误；"＊"表示在 10% 的统计水平下显著，"＊＊"表示在 5% 的统计水平下显著，"＊＊＊"表示在 1% 的统计水平下显著。

三、互联网发展对不同教育水平农村居民创业概率的影响

表 5 - 9 列出了不同教育水平下，互联网使用和互联网使用强度对农村居民创业的影响。表 5 - 9 的第（1）列结果显示，互联网使用和教育水平

的交叉项系数为0.178，且在1%的水平下显著，说明对于教育水平较高的农村居民，互联网使用更有可能提高农村居民的创业概率。根据人力资本理论，影响人力资本的重要因素之一是受教育水平，农村居民受教育水平越高，则识别创业机会的能力更强。这可能是由于，教育水平较高的农村居民能够通过互联网等信息技术发现更多的资讯信息，特别是对创业有益的相关信息，进而提高农村居民的创业概率。第（2）列的结果显示，互联网使用强度和教育水平的交叉项系数为0.011，且在5%的水平下显著，说明对于教育水平较高的群体，互联网使用强度的提高同样会提高农村居民的创业概率。这是由于，互联网使用有助于农村居民获取有价值的信息，包括有助于识别创业机会。受教育水平越高的农村居民越可能获得更丰富的资本、经验、技能和见识等资源，这些资源恰好是推动创业者进步和发展的重要因素。由于受教育水平相对较高的农村居民通过互联网更有可能积累上述资源，从而为潜在创业者识别创业机会。互联网使用时长的增加也进一步让农村居民获得更翔实的信息资源，有助于其获取创业资源。互联网为受教育水平更高的农村居民带来更多的创业机会，这正好成为拉大整体农村居民收入差距的潜在因素。

表5-9 教育水平对互联网发展影响农村居民创业概率的影响分析

变量	(1)	(2)
	创业概率	
互联网使用	-0.343 ** (0.17)	
教育	0.022 (0.02)	0.049 (0.05)
互联网使用×教育	0.178 *** (0.05)	
互联网使用强度		-0.029 * (0.01)
互联网使用强度×教育		0.011 ** (0.00)
控制变量	是	是

续表

变量	(1)	(2)
	创业概率	
常数项	-1.038***	-0.645*
	(0.13)	(0.35)
观测值	15903	2814
R^2	0.551	0.835

注：括号内数值表示估计系数的标准误；"*"表示在10%的统计水平下显著，"**"表示在5%的统计水平下显著，"***"表示在1%的统计水平下显著。

四、互联网发展对不同教育水平农村居民创业规模的影响

表5-10列出了不同教育水平下，互联网使用和互联网使用强度对农村居民创业规模的影响。根据第（1）列结果可知，互联网使用和教育水平的交叉项系数为0.002，且在10%的水平下显著。说明对于教育水平较高的农村居民，互联网使用能够增加农村居民的创业规模，这和前文的理论分析结果一致，即互联网使用降低了农村居民的学习门槛，且能够降低农村居民与市场之间的信息不对称，进而提高创业规模。第（2）列的结果显示互联网使用强度与教育水平的交叉项系数为0.0003，且在10%的水平下显著，说明对于教育水平较高的农村居民，互联网使用强度能够进一步促进农村居民的创业规模。对于创业者而言，互联网使用帮助农村创业者获取对其创业行为有价值的信息，比如有助其调整经营策略的信息。受教育水平相对较高的农村创业者可以更好地获取和利用这些信息，从而帮助农村创业者根据外部环境变化及时进行调整，降低创业过程中的潜在风险。从互联网使用强度的角度来说，受教育水平相对较高的农村创业者要扩大创业规模，离不开其对互联网的深度使用，即互联网使用时间过短无法为农村创业者带来潜在创业规模扩大，或者说带来的潜在创业规模扩大程度小于互联网使用时间较长的创业者。这进一步说明，互联网拉开了受教育水平分布两侧群体的创业规模差距，而不同群体在创业规模上的差异逐渐成为拉大经营性收入差距程度的原因。

表5-10   教育水平对互联网发展影响农村居民创业规模的影响分析

变量	(1)	(2)
	创业规模	
互联网使用	0.033 *** (0.00)	
教育	0.000 (0.00)	0.002 (0.00)
互联网使用×教育	0.002 * (0.00)	
互联网使用强度		-0.001 (0.00)
互联网使用强度×教育		0.0003 * (0.00)
控制变量	是	是
常数项	-0.004 (0.00)	0.013 (0.01)
观测值	15903	2814
R^2	0.928	0.874

注：括号内数值表示估计系数的标准误；" * "表示在10%的统计水平下显著，" ** "表示在5%的统计水平下显著，" *** "表示在1%的统计水平下显著。

本章小结

本章主要分析互联网发展对农村居民收入差距作用机制，其中，第二节从不同收入水平和不同受教育水平下分别看互联网发展对是否就业、就业类型、创业和创业规模的影响，结果发现：互联网发展对于农村居民就业、就业类型、创业和创业规模的影响存在差异化的效果。其中，互联网使用对于就业、就业类型、创业和创业规模均存在显著的积极作用，而互联网使用强度对于不同就业和创业变量的影响系数均不显著。对于教育水平较高的农村居民而言，互联网使用和使用强度均能够提高其就业概率。

对于就业类型而言，教育水平的提高有助于强化互联网使用和使用强度对农村居民就业类型的影响。对于创业和创业规模而言，教育水平的提高有助于强化互联网使用和使用强度对农村居民创业和创业规模的积极效应。对于教育水平较高的农村居民而言，互联网使用和使用强度均能够提高其就业概率。对于就业类型而言，教育水平的提高有助于强化互联网使用和使用强度对农村居民就业类型的影响。对于创业和创业规模而言，教育水平的提高有助于强化互联网使用和使用强度对农村居民创业和创业规模的积极效应，进一步揭示了互联网导致农村居民收入差距扩大的原因。这也进一步验证了本章研究假设 H5 - 1、H5 - 2、H5 - 3 和 H5 - 4。

第六章

主要结论、政策建议与研究展望

第一节　主要研究结论

在互联网快速发展和农村居民收入差距居高不下的双重背景下，研究互联网发展对农村居民收入差距的影响，对个人乃至社会都具有重要的理论意义和现实意义。本书试图探讨互联网发展是否影响农村居民收入差距。如果有，那么在农村居民中究竟是哪些群体的收入增加，哪些群体的收入减少了？针对不同特征或不同地区的农村居民，互联网发展对其收入差距的影响是否存在差异？由于互联网发展对不同类型收入差距带来的影响以及其背后的机制是不一样的，因此还需要进一步探究互联网发展对分项收入差距的影响及作用机制。基于上述思考，在国内外研究综述的基础上，基于相关理论，本书采取 CFPS2010～2016 年的三期微观调查数据，实证研究了互联网发展对农村居民收入差距、工资性收入差距和经营性收入差距的影响及异质性，探究了互联网发展影响农村居民收入差距的内在机制，发现互联网发展提高农村个体做出就业选择和创业选择的概率从而提升个体收入，同时互联网发展还会改变农村居民的就业类型和创业规模从而改变工资性收入和经营性收入，进而影响收入差距。个体间的互联网使用差异是影响农村居民收入不平等的一个重要因素。本书主要得出结论如下。

一、互联网发展对农村居民收入差距的影响

通过 2010～2016 年的面板数据，利用固定效应模型，发现互联网发展

会扩大农村居民之间的收入差距。选择固定效应模型是由于简单的横截面分析可能带来的"互联网"回归系数易存在偏误的问题，且利用横截面数据分析得出的结论存在内生性问题。为验证研究结论的稳健性，本书还通过变更核心被解释变量的测度方式（采用泰尔指数、Kakwani 指数、基尼系数排序）等方法对模型进行了再估计，结果表明研究结论稳健，即互联网发展会扩大农村居民收入差距这一结论是稳健可靠的。

互联网普及对农村居民不同类型收入差距的影响主要表现为互联网普及仅显著影响工资性收入差距和经营性收入差距。具体内容包括：从工资性收入差距来看，地区互联网普及率每提高 1 个百分点，居民的工资性收入差距上升 0.116 个百分点；从经营性收入差距来看，地区互联网普及率每提高 1 个百分点，居民的经营性收入差距上升 0.091 个百分点。由于估计结果存在遗漏变量和逆向因果带来的内生性问题，本书将国家"八纵八横"光缆干线网作为互联网发展的工具变量，对样本数据进行了再检验，通过工具变量分析得到的结论和基准回归结果一致，说明内生性问题并不影响本书的估计结果。

从区域比较来看，互联网发展会提高东部、中部和西部地区农村居民工资收入差距，且对西部地区的影响更强，对于东部和中部地区农村居民工资收入差距的促进作用相对较低；对于经营性收入差距而言，互联网普及对区域农村居民经营性收入差距的影响主要集中在东部地区。对于中部和西部地区而言，互联网普及均不影响这两个地区农村居民的转移性收入差距。从市场化比较来看，在市场化水平较低的地区，互联网普及对农村居民工资性收入差距的影响更明显。在市场化水平较高的地区，互联网普及对经营性收入差距的影响效果更明显。互联网普及在高、低市场化水平下对财产收入差距和转移收入差距的回归系数均不显著。分年龄差异来看，互联网发展对工资收入差距和经营性收入差距影响均主要集中在中年组。分教育水平差异来看，在高教育水平的样本中，互联网普及对工资收入差距的促进作用相对较弱。对于经营性收入差距而言，互联网普及仅在低教育水平的样本中显著为正，即加大了低教育水平样本的经营性收入差距。

互联网发展对农村居民收入差距影响的直接原因是：互联网发展通过减少信息不对称，提高信息传播效率，改变不同特征农民群体的收入，进而影响收入差距。具体地，互联网发展对农村居民工资性收入和经营性收入的促进作用存在差异，通过分位数回归发现高分位点农村居民收入增长速度快于低分位点农村居民，即证明高收入农村居民的互联网使用回报率显著高于低收入农村居民。个体受教育水平会影响农村居民的互联网使用回报率，其中，农村居民的学历水平越高，其互联网使用回报率就越高。由此证实了互联网发展会扩大不同受教育水平下农村居民之间的收入差距。

二、互联网发展对农村居民收入差距的影响机制

本书理论分析和计量分析均发现，互联网发展通过改变农村居民的就业而影响其收入，从而影响收入差距。通过引入互联网使用和学历的交互项进行分析，实证结果表明，随着教育水平的提高，互联网使用对居民就业概率、就业类型、创业概率和创业规模都产生显著促进作用，其中对就业概率的促进作用最大，随后是创业概率、就业类型和创业规模。通过引入互联网使用强度和学历的交互项进行分析，发现随着教育水平的提高，互联网使用强度对居民就业概率、就业类型、创业概率和创业规模都产生显著促进作用，其中对就业概率的促进作用最大，随后是创业概率、就业类型和创业规模。

三、互联网发展及其区域差异

依据前面对互联网普及现状的分析结果，可以发现，首先，从整体上看，我国各地区互联网普及率快速提升。近年来，我国高度重视信息通信技术带来的数字化变革，出台了一系列支持政策，[①] 在国家政策支持下，互联网普及率保持快速增长势头。其次，互联网普及情况存在区域差异。将我国分成东中西三大区域来看，东部地区互联网发展水平明显高于中西部地区，中部与西部地区互联网发展水平基本持平。东部地区互联网发展的增速低于中西部，可以预见中西部地区与东部地区的互联网水平差距正逐年缩小。

---

① 2015 年 7 月，国务院发布《关于积极推进"互联网 +"行动的指导意见》；2017 年 3 月，工信部发布《云计算发展三年行动计划（2017–2019 年)》。

四、农村居民收入差距及其区域差异

农村居民收入差距的描述性统计结果显示：第一，农村居民人均收入及分不同来源收入均呈现出增加趋势。2010～2016年，我国农村居民人均收入呈上升态势。将收入细分为工资性收入、经营性收入、财产性收入和转移性收入来看，均呈现上升趋势。这体现了国家对提高人民收入水平的重视程度不断加强，推动我国人民收入水平持续增加的措施取得了良好成效。第二，农村居民收入差距持续保持在较高水平。从国家统计局发布的官方数据来看，从2013年到2016年，根据我国农村居民人均纯收入测算的基尼系数始终保持在0.4以上，即持续处于收入差距较大的区间。分区域来看，无论是东部、中部还是西部地区，以我国农村居民人均纯收入测算的基尼系数均处在（0.4,0.5］这一区间，表明收入差距较大。第三，农村居民分项收入差距对总收入差距的贡献度不同。从分项收入差距对人均总收入差距的贡献来看，工资性收入差距的贡献度最高，按贡献度排序从前往后依次为经营性收入、转移性收入和财产性收入。其中，工资性收入对总收入差距的贡献从2010年的78.98%上升到2016年的80%；2010年经营性收入对总收入差距的贡献为19.32%，与2016年的19.23%基本持平。总体而言，工资性收入和经营性收入加总后对总收入差距的贡献始终占比很大，无论是2010年的98.3%，还是2016年的99.23%，都能够得出类似结论。因此，探究互联网发展如何影响工资性收入和经营性收入差距是解决收入差距过大问题的关键。

第二节　政策建议

中国经济在改革开放之后取得了举世瞩目的历史性成就，国家综合实力有所增强，但是，中国经济仍面临收入差距过大的问题。重要原因在于中国经济发展模式过于粗放。因此，中央提出要全面推进"互联网＋"，对推进"互联网＋"的描述从"多领域"转向"全面"，彰显出中央政府对互联网技术与各领域深度融合的重视。只有鼓励快速发展的信息技术与社会各方面深入融合，才能促进经济和就业增长；只有善于使用互联网的个体，才能更好地进行工作搜寻，不断提高生产率，不断超越和实现自我。工作搜寻和创业等活动越来越离不开互联网，同时还要求参与者拥有相应的互联网应用能力和素质，以及学习新技能和吃苦耐劳的品质。个体能够从工作搜寻和创业等活动中提升自身竞争力，最终获得更高的收益回报，因此，善于使用互联网的个体能够更好地进行工作搜寻以及提高生产率，不善于使用互联网的个体则无法更好地进行工作搜寻以及提高生产率，即使用互联网进行工作搜寻的农村居民的收益更高。因此，个体互联网使用与其收入存在一定联系。

本书描述了互联网发展与农村居民收入差距的现状与变化特征，理论分析和实证验证了互联网发展对农村居民收入差距影响及作用机制。根据研究结论，本书认为要有效缓解农村居民群体之间的收入差距、提高低收入劳动者收入水平、缓解由互联网发展带来的收入差距加剧的局面，就要坚定不移地在共同富裕的道路上继续前行，在提高低收入农民群体收入、提升农村地区群体教育水平以及面向农民群体开展互联网培训等方面重点发力，为此，本书提出以下四点政策建议。

一、推进农村互联网服务均衡，为低收入者提供信息获取渠道

现阶段我国区域数字鸿沟依然较大。数据显示，在互联网普及方面，2016年北京为 77.8%，上海为 74.1%，而西藏和甘肃分别仅为 46.1% 和 42.4%，[①]东部地区和西部地区之间的数字鸿沟依然存在。完善的宽带网络基础设施是缩小区域数字鸿沟的先决条件，而区域数字鸿沟的大小很大程度上由区域信息通信技术发展水平决定。东部区域信息通信技术发展水平处于国内领先水平，相比之下，中西部地区信息通信技术发展缓慢，尤其是西部和东部地区信息通信技术发展水平存在较大差距，原因主要是在中西部地区，特别是在一些偏远地区互联网基础设施建设成本偏高，互联网基础设施建设滞后。

要提升农村互联网技术发展水平，推进农村互联网服务均衡，首先，

---

① 数据来自国家统计局网站公开信息。

政府应加大财政对农村地区互联网基础设施建设的支持力度，加快推进农村地区宽带网络基础设施建设，提高互联网普及率。通过加速推广"信息进村入户"工程、成立农村地区宽带网络基础设施建设专项资金等方式，支持农村偏远地区的互联网基础设施建设。此外，对专项资金使用情况展开绩效评估，及时跟进和督查农村地区宽带网络基础设施建设进程，加速农村互联网全面覆盖，进一步提升农村地区信息通信技术服务能力。

要探索出台农村地区信息消费补贴政策，加大农村地区移动网络覆盖率。为提升农村光纤网络和5G网络覆盖率，降低收入群体入网门槛，探索面向农村地区低收入群体的移动网络优惠信息补贴政策，对其宽带网络资费给予大幅优惠，满足该群体的入网需要，实现互联网普惠共享。为实现农村地区的移动互联网全面覆盖，分类分阶段实施数字乡村战略，对偏远农村地区采取有针对性的特殊方式（如卫星通信）来实现网络全覆盖。同时持续推进"宽带中国"战略计划，提高农村地区移动网络覆盖率，进而缩小中西部与东部地区农村地区之间的数字鸿沟。

二、鼓励低收入者非农就业，为低收入者提供更多更好的增收机会

结合前文的文件梳理和数据分析结果不难发现：一是我国政府非常重视农民增收问题，历年的中央一号文件都反复强调要增加农民收入；二是农村居民家庭收入占比较大的是工资性收入和经营性收入。因此，要缓解农村内部的收入差距，就应该提高低收入农村居民的工资性收入和经营性收入。互联网发展影响农村居民工资性收入和经营性收入是因为影响了劳动力供给，因此要提高低收入农村居民工资性收入和经营性收入，就需要增加低收入农村居民工作机会的供给，即促进低收入农村居民群体的非农业岗位。

首先，帮助低收入群体增加更多就业机会。为低收入农户提供就业机会，开发更多乡村公益性岗位，探索针对低收入农民群体的就业保障机制，让更多低收入群体能就业，有收入；为低收入群体创造良好的创业环境，鼓励他们自主经营，包括参加非农私营或个体户工作等，获取经营性收入，进而缩小收入差距；要切实帮助低收入农村群体提高工资性收入，采取职

业教育、职业培训、在职培训等多种形式，为其提供更多相应的技能培训和职业规划课程，让其更多地参与非农就业。结合区域异质性为低收入群体提供更适合的增收方式。考虑到低收入群体收入增长在不同地区存在差异，在西部地区应当为低收入劳动者提供多的就业培训机会，在东部地区提供良好的营商环境，积极鼓励民营企业继续发展，帮助低收入群体降低因经营收入拉低总收入的可能性。

其次，为低收入群体提供更高质量的就业机会。低收入群体在稳收增收方面存在困难，是因为这部分群体缺乏知识能力水平，较多从事替代性较强的职业。为此，要为其增收提供充分的外部环境。具体来说，就要健全以就业为导向的低收入群体终身素质提升体系，精准开展适合各类群体并符合其职业期待的技能培训，帮助他们获得一技之长，进而提高农村低收入群体的致富能力。

最后，给予使用互联网的农民提供相应财政补贴和技术指导，在农村地区建立互联网平台，开发农村地区互联网信息系统供农村群体免费使用，营造良好的互联网氛围，帮助农民把握创业机会，进而增加经营性收入。

三、加速人力资本积累，提升农村居民的市场竞争力

农村居民的技能差异导致其就业水平不同及收入差距增加，因此要帮助低收入农民群体就业并减少收入差距，就需要关注导致低收入群体中收入差异拉大的家庭人口结构因素和教育在其中的重要作用，充分发挥转移性收入对这部分群体的收入保障作用，为低收入农民群体提供高质量的教育服务，提升农民信息化能力，特别是欠发达偏远贫困农村地区居民的信息化能力。

一是加大对农民的资金支持以及加强对其上网能力培养。研究制定信息消费补贴政策，切实帮助农民降低上网及电信费用，重点为信息服务移动终端、物联网设备等信息技术设备购置和应用提供专项补贴。结合学历教育和职业培训等方式，培养物联网和电子商务方面的人才，实施新型职业农民培育计划，培养一批具备互联网思维和应用能力的信息化"新农人"，通过现场授课、远程培育、技能大赛、科普宣传等方式，提高农村居民互联网使用技能，提升农民信息素养，为其争取就业和创业机会提供基础。

二是帮助农民提升文化水平和技术技能，鼓励其成为新型职业农民。让农民有机会参与学历教育，通过职业教育等途径帮助其提高文化水平，通过信息化培育更多的新型职业农民，让农民掌握更多的信息化技术。由政府牵头，与各组织展开联动，鼓励高校、科研院所、互联网企业、电信运营商等发挥自身优势，为农民提供专家咨询、实地演练、远程教育等服务，培育具备互联网思维和应用能力的信息化"新农人"。

三是切实改善农村地区的教育条件，将互联网融入乡村教育发展，提升个体人力资本的关键在于提高其受教育水平。加强对农村地区适龄儿童的教育和培训，在课内教学提质上，继续发挥以"三个课堂"（专递课堂、名师课堂和名校网络课堂）为代表的系列教育信息化项目的作用，保证国家课程开足开好，教育资源实用好用。在课后服务提质上，鼓励科技馆等教育场馆、社会办学力量、公益组织、志愿者团队等，通过信息技术支持的双屏互动、机构联盟等方式，深入农村地区，鼓励农村居民参与学习。

四、开展面向农民群体的互联网培训，提升其信息素养

信息通信技术的快速发展不仅改变了社会生产和生活方式，也提高了社会对劳动者能力素质的要求。在国家提出的乡村振兴战略及精准扶贫战略背景下，我国乡村经济得到了快速发展，这也意味着社会对农村劳动者能力素质也提出了更高要求。全面提高劳动者知识和技能以适应社会的快速发展，有助于低收入农村群体增加工资性收入，缩小农村居民的工资性收入差距。

首先，推进低收入农村群体学习信息技术技能，大力培养具备信息素养的高素质农民。国家继续深入推进"乡村振兴人才培养计划"等有助于农村发展的各类项目和计划，积极推动农村地区居民学习信息技术技能，鼓励、引导互联网相关企业培训农民使用互联网，利用互联网查询获取信息，特别要提高农村学历较低和年纪较大群体利用互联网技术的能力。

其次，重视互联网发展对低收入农村群体获取信息、获取技能并增加就业的作用。肯定互联网信息技术在农民信息获取方面的作用，提高农民对务工信息的搜寻效率，提供"线上＋线下"益农服务，为农民提供农业技术知识、产业发展等方面快捷便利的信息服务。鼓励年轻低收入农村群

体利用互联网搜索信息并进行学习和工作，以此调动农村家庭使用互联网的积极性。

最后，为农民提供信息类的教育培训机会。组织各类主题培训和学习活动，如信息应用技能竞赛、远程教育培训、微课程、线下培训活动等，帮助农民提高信息意识，鼓励农民把信息教育培训的知识和技能和工作相结合，通过干中学来提升获取、吸纳和利用信息的能力。

第三节　本书的不足与研究展望

一、本书的不足

在已有研究的基础上，本书通过构建理论分析框架和实证研究相结合的方式，研究了互联网发展对农村居民收入差距的影响效应与异质性。本书的研究具有一定创新性，得出了有意义的研究结论。在写作过程中，虽然已考虑到各方面因素且不断进行修改和完善，但本书依然存在不足，主要体现在两个方面。第一，收入差距指标的选取。本书已经尽量从更细的角度，即利用区县层面上的收入数据测算基尼系数，来衡量收入不平等，即收入差距，但由于受到了数据的限制，无法从更深入的层面比如村层面来测算基尼系数，因此无法从更深层次的角度进行研究。第二，缺乏对互联网背景下教育、培训等相关数据支持，即无法识别出利用互联网获得的教育和培训相关数据，导致无法进行更加细致的相关研究。

二、研究展望

第一，收入差距在区县层面代表性有限，尤其是在非常有限的农村区县样本内。在后续研究中，随着我国数据库不断完善和细化，从更为细致的层面上测算基尼系数，以使互联网发展对农村居民收入差距影响的解释更加具有说服力。

第二，互联网发展对农村居民收入差距的影响比较复杂，这就需要更多的实证分析，也需要更多的理论支撑。随着数据库的不断完善，在数据支持的前提下，今后以互联网为基础的教育、培训和健康对收入和收入差距的影响或将成为研究的新方向，如互联网发展如何通过在线培训、在线教育以及在线医疗影响收入及收入差距。

第三，新一代信息通信技术如云计算、大数据、人工智能和区块链等发展日趋成熟，后续研究中，应紧密结合数字经济背景，利用新一代信息通信技术数据，研究不同种类的新一代信息通信技术对农村居民收入差距的影响和作用机理，提出更有针对性的政策建议。

附　　录

一、互联网发展对农村居民家庭教育投资的影响

人力资本的定义是个人所拥有的能够创造个人、经济和社会福祉的知识、技能、能力以及素质。根据人力资本理论相关内容，教育能提升个体人力资本，具备更高人力资本的个体拥有更高的劳动生产率，同时还更容易拥有更好的职业发展和更高的收入水平。在传统人力资本研究的框架下，学者们主要关注个体教育水平如何影响收入水平。从微观角度来看，对农村家庭而言，在信息通信技术快速发展的背景下，互联网这一现代信息技术渗透会对农村教育投资产生影响，即农村居民通过接入互联网改变其对农村居民家庭教育的投资，加速对子女人力资本的积累，进而影响收入不平等。

和本书整体研究一样，本附录使用 2010 年、2014 年和 2016 年的 CFPS 数据。在数据处理上，只保留成人年龄在 18～60 岁且孩子年龄在 6～16 岁的样本。在被解释变量选取上，本书视家庭教育支出为一项投资，用家庭对单个子女的教育投资支出作为被解释变量，在 CFPS 少儿问卷中对应的问题为"过去 12 个月，您家直接为这个孩子支付的教育总支出约为多少钱"，其他变量的选择和处理则与前文研究保持一致。

如附表 1 所示，互联网使用对教育投资支出的影响系数为 0.314，且在 1% 的水平下显著，说明使用互联网的个体而言，其教育投资支出更大。结合附表 1 的第（2）列结果可知，互联网使用强度对于教育投资支出的影响系数为 0.014，且在 10% 的水平下显著，说明互联网使用强度的提高同样有助于增加家庭的教育投资支出。

附表 1　　　　　　　　　互联网发展对农村居民家庭教育投资的影响

变量	（1）	（2）
	家庭教育投资	
互联网使用	0.314 ***	
	（0.09）	
互联网使用强度		0.014 *
		（0.01）
年龄	− 0.002	0.025 **
	（0.00）	（0.01）
性别	− 0.10 *	− 0.313 **
	（0.06）	（0.13）
工作性质	− 0.047	− 0.603
	（0.21）	（0.46）
婚姻状况	0.260 *	0.523 *
	（0.15）	（0.29）
健康水平	0.038	0.014
	（0.03）	（0.06）
保险情况	− 0.046	− 0.085
	（0.04）	（0.07）
家庭规模	− 0.001	0.024
	（0.02）	（0.03）
私营企业	0.279 **	0.169
	（0.11）	（0.18）
住房数量	0.197 ***	0.218
	（0.07）	（0.13）
固定效应	是	是
常数项	5.482 ***	4.708 ***
	（0.26）	（0.58）
观测值	6065	1137
R-squared	0.060	0.049

注：括号内数值表示估计系数的标准误；" * "表示在10%的统计水平下显著，" ** "表示在5%的统计水平下显著，" *** "表示在1%的统计水平下显著。

二、教育水平对农村居民互联网使用类型的影响

受教育水平往往会影响农村居民使用互联网的类型和利用互联网的能力。对于受教育水平相对较高的农村居民来说，他们可以通过接受良好教育来提高对新技术的掌握能力，他们往往有较高的认知水平在工作中使用互联网，也就是说将互联网作为工作使用的重要途径；然而对于受教育水平相对较低的农村居民来说，认知水平和知识技能不足导致其无法熟练使用互联网进行工作。

为了检验受教育水平和使用互联网类别的关系，这里以是否使用工作类别互联网作为被解释变量，以教育水平作为解释变量进行回归，相应的估计结果见附表2。结果显示，无论是否加入控制变量，核心解释变量教育水平的回归系数均显著为正，说明教育水平的增加会提高个体工作性质互联网使用类型的概率，进一步证实了学历越高的人更多地将互联网用于工作，而学历低的人更多使用互联网在其他方面。

附表2　　　　　　　互联网发展对农村居民家庭教育投资的影响

变量	(1)	(2)
	互联网使用类型	
教育水平	0.504 *** (0.01)	0.460 *** (0.02)
年龄		−0.064 *** (0.00)
性别		0.238 *** (0.03)
工作性质		0.294 *** (0.10)
婚姻状况		−0.109 * (0.06)
健康水平		0.006 (0.01)

续表

变量	（1）	（2）
	互联网使用类型	
保险情况		− 0. 064 ***
		（0. 02）
家庭规模		− 0. 037 ***
		（0. 01）
私营企业		0. 501 ***
		（0. 05）
住房数量		0. 166 ***
		（0. 03）
固定效应	是	是
常数项	− 2. 681 ***	− 0. 164
	（0. 05）	（0. 12）
观测值	15903	15903

　　注：括号内数值表示估计系数的标准误；"＊"表示在10%的统计水平下显著，"＊＊"表示在5%的统计水平下显著，"＊＊＊"表示在1%的统计水平下显著。

参 考 文 献

［1］白仲林，尹彦辉，缪言.财政政策的收入分配效应发展不平衡视角［J］.经济学动态，2019，696（2）：91-101.

［2］卜茂亮，罗华江，周耿. Internet 对劳动力市场的影响——基于中国家庭动态跟踪调查（CFPS）数据的实证研究［J］.南方人口，2011，26（5）：1-10.

［3］曹景林，姜甜.互联网使用对女性收入的影响——基于 CFPS 数据的经验证据［J］.现代财经（天津财经大学学报），2020，40（12）：79-95.

［4］陈斌开，林毅夫.重工业优先发展战略城市化和城乡工资差距［J］.南开经济研究，2010，151（1）：3-18.

［5］陈斌开，林毅夫.发展战略城市化与中国城乡收入差距［J］.中国社会科学，2013，208（4）：81-102，206.

［6］陈斌开，李银银.再分配政策对农村收入分配的影响——基于税费体制改革的经验研究［J］.中国社会科学，2020，290（2）：70-92，205-206.

［7］陈强.高级计量经济学及 Stata 应用［M］.2版.北京：高等教育出版社，2014.

［8］陈怡，刘芸芸.技术创新对收入分配的影响——基于不同收入人群的分析［J］.南京财经大学学报，2019，216（2）：69-79，98.

［9］陈玉宇，吴玉立.信息化对劳动力市场的影响：个人电脑使用回报率的估计［J］.经济学（季刊），2008（4）：1149-1166.

［10］程莉.产业结构的合理化高级化会否缩小——11 年中国省级面板数据的经验分析［J］.现代财经（天津财经大学学报），2014，34（11）：

82 - 92.

　　[11] 程名望，史清华，Jin Yanhong. 农户收入水平、结构及其影响因素——基于全国农村固定观察点微观数据的实证分析 [J]. 数量经济技术经济研究，2014，31（5）：3 - 19.

　　[12] 程名望，Jin Yanhong，盖庆恩，史清华. 中国农户收入不平等及其决定因素——基于微观农户数据的回归分解 [J]. 经济学（季刊），2016，15（3）：1253 - 1274.

　　[13] 程名望，张家平. 互联网普及与城乡收入差距——理论与实证 [J]. 中国农村经济，2019，410（2）：19 - 41.

　　[14] 程强. 经济发展水平、市场化制度与收入不平等 [J]. 经济经纬，2019，36（2）：118 - 125.

　　[15] 崔兆财，周向红. 互联网普及对地区就业的异质影响研究 [J]. 软科学，2020，34（1）：7 - 12.

　　[16] 大卫·李嘉图. 政治经济学及赋税原理（西方经济学圣经译丛）[M]. 周洁，译. 北京：华夏出版社，2011.

　　[17] 董志强，魏下海，汤灿晴. 人口老龄化是否加剧收入不平等？——基于中国（1996~2009）的实证研究 [J]. 人口研究，2012，36（5）：94 - 103.

　　[18] 杜传忠，郭美晨. 第四次工业革命与要素生产率提升 [J]. 广东社会科学，2017，187（5）：5 - 13，254.

　　[19] 杜传忠，许冰. 第四次工业革命对就业结构的影响及中国的对策 [J]. 社会科学战线，2018（2）：68 - 74.

　　[20] 杜雯翠. 信息化能否降低城市环境污染 [J]. 首都经济贸易大学学报，2016，18（2）：116 - 122.

　　[21] 杜兴洋，杨起城，易敏. 信息通信技术对普惠金融发展的影响——2016 年省级面板数据的实证分析 [J]. 江汉论坛，2018，486（12）：38 - 47.

　　[22] 方兴东，钟祥铭，彭筱军. 草根的力量："互联网"（Internet）概念演进历程及其中国命运——互联网思想史的梳理 [J]. 新闻与传播研究，2019，26（8）：43 - 61，127.

　　[23] 冯萍，刘建江. 互联网对中国出口贸易流量影响的实证研究

[J]. 统计与决策, 2010 (3): 99 - 101.

[24] 傅振邦, 陈先勇. 城市化、产业结构变动与城乡收入差距——以湖北省为例 [J]. 中南财经政法大学学报, 2012, 195 (6): 8 - 14, 142.

[25] 高锡荣. 中国三大语音通信市场的需求关系估计与需求效应比较分析 [J]. 统计研究, 2007 (9): 37 - 43.

[26] 高霞. 产业结构变动与城乡收入差距关系的协整分析 [J]. 数学的实践与认识, 2011, 41 (12): 120 - 128.

[27] 高爽. 互联网 + 企业家精神对收入分配的协同效应分析——基于中国省级面板数据的经验证据 [J]. 数学的实践与认识, 2019, 49 (12): 137 - 150.

[28] 郭美晨. ICT 产业与产业结构优化升级的关系研究——基于灰关联熵模型的分析 [J]. 经济问题探索, 2019, 441 (4): 131 - 140.

[29] 郭世英, 白维军. "互联网 + 社会保障信息服务"需求的生成逻辑与实现路径 [J]. 行政论坛, 2019, 26 (4): 140 - 144.

[30] 郭熙保, 朱兰. 城镇化水平影响收入不平等的机制分析——基于中国综合社会调查数据 [J]. 经济理论与经济管理, 2018, 331 (7): 5 - 15.

[31] 韩宝国, 朱平芳. 宽带对中国经济增长影响的实证分析 [J]. 统计研究, 2014, 31 (10): 49 - 54.

[32] 韩长根, 张力. 互联网普及对于城乡收入分配的影响我国省际面板数据的系统 GMM 分析 [J]. 经济问题探索, 2017, 421 (8): 18 - 27.

[33] 韩长根, 张力. 互联网提高了我国居民收入流动性吗?——基于 CFPS 2010—2016 数据的实证研究 [J]. 云南财经大学学报, 2019, 35 (1): 86 - 99.

[34] 韩军, 刘润娟, 张俊森. 对外开放对中国收入分配的影响——"南方谈话"和"入世"后效果的实证检验 [J]. 中国社会科学, 2015 (2): 24 - 40, 202 - 203.

[35] 韩民春, 韩青江, 冯钟. 工业机器人技术进步对就业的影响分析: 一个理论模型框架 [J]. 广东财经大学学报, 2019, 34 (6): 4 - 10.

[36] 贺娅萍, 徐康宁. 互联网对城乡收入差距的影响——基于中国事实的检验 [J]. 经济经纬, 2019, 36 (2): 25 - 32.

[37] 何燕. 中国农村收入不平等——基于微观调查数据的回归分解 [J]. 科学决策, 2016 (10): 20-46.

[38] 胡鞍钢, 周绍杰. 新的全球贫富差距——日益扩大的数字鸿沟 [J]. 中国社会科学, 2002 (3): 34-48, 205.

[39] 黄筱彧, 杜德斌, 杨文龙. 中国互联网创业的集聚特征与区位因素初探 [J]. 科学学研究, 2018, 36 (3): 493-501.

[40] 胡晶晶. 住房价格上涨对城镇居民收入差距的影响机理与实证分析 [J]. 中国地质大学学报 (社会科学版), 2012, 12 (4): 91-96, 140.

[41] 华昱. 互联网使用的收入增长效应: 理论机理与实证检验 [J]. 江海学刊, 2018 (3): 219-224.

[42] 纪倩. Internet 的使用对于西部地区家庭收入影响的实证研究 [J]. 经济研究导刊, 2018 (19): 44-45, 55.

[43] 蒋琪, 王标悦, 张辉, 等. 互联网使用对中国居民个人收入的影响——基于 CFPS 面板数据的经验研究 [J]. 劳动经济研究, 2018, 6 (5): 121-143.

[44] 金文朝, 金锺吉, 张海东. 数字鸿沟的批判性再检讨 [J]. 学习与探索, 2005 (1): 32-38.

[45] 焦瑾璞. 移动支付推动普惠金融发展的应用分析与政策建议 [J]. 中国流通经济, 2014, 28 (7): 7-10.

[46] 江克忠, 刘生龙. 收入结构、收入不平等与农村家庭贫困 [J]. 中国农村经济, 2017 (8): 75-90.

[47] 江小涓. 大数据时代的政府管理与服务: 提升能力及应对挑战 [J]. 中国行政管理, 2018, 399 (9): 6-11.

[48] 金晓彤, 路越. 互联网基础设施建设与农村居民增收 [J]. 当代经济管理, 2022, 44 (1): 44-52.

[49] 孔星, 吕剑平. 甘肃地域特色农业协同创新模式选择与实现路径 [J]. 农业科技管理, 2019, 38 (5): 25-28, 31.

[50] 蓝嘉俊, 魏下海, 吴超林. 人口老龄化对收入不平等的影响: 拉大还是缩小? ——来自跨国数据 (1970~2011 年) 的经验发现 [J]. 人口研究, 2014, 38 (5): 87-106.

[51] 雷根强, 蔡翔. 初次分配扭曲、财政支出城市偏向与城乡收入差

距——来自中国省级面板数据的经验证据 [J]. 数量经济技术经济研究, 2012, 29 (3): 76 - 89.

[52] 李丹, 裴育. 城乡公共服务差距对城乡收入差距的影响研究 [J]. 财经研究, 2019, 45 (4): 111 - 123, 139.

[53] 李继尊. 关于互联网金融的思考 [J]. 管理世界, 2015 (7): 1 - 7, 16.

[54] 李立威, 景峰. 互联网扩散与经济增长的关系研究——我国 31 个省份面板数据的实证检验 [J]. 北京工商大学学报 (社会科学版), 2013, 28 (3): 120 - 126.

[55] 李实, 宋锦. 中国城镇就业收入差距的扩大及其原因 [J]. 经济学动态, 2010, 596 (10): 4 - 10.

[56] 李实, 罗楚亮. 中国收入差距究竟有多大? 对修正样本结构偏差的尝试 [J]. 经济研究, 2011, 46 (4): 68 - 79.

[57] 李实, 徐晓静, 贾晗睿. 基本养老保险缴费不平衡对居民收入不平等的影响 [J]. 北京工商大学学报 (社会科学版), 2019, 34 (5): 92 - 103.

[58] 李实, Sicular Terry, Tarp Finn. 中国收入不平等发展转型和政策 [J]. 北京工商大学学报 (社会科学版), 2020, 35 (4): 21 - 31.

[59] 李雅楠, 谢倩芸. 互联网使用与工资收入差距——基于 CHNS 数据的经验分析 [J]. 经济理论与经济管理, 2017, 319 (7): 87 - 100.

[60] 李卓, 封立涛. 光纤网络规模对农村非农就业的拉动效应 [J]. 经济评论, 2021 (1): 96 - 111.

[61] 刘海云, 石小霞, 覃飞. 对外直接投资如何影响了收入差距——基于中国上市公司的实证研究 [J]. 经济问题探索, 2019, 440 (3): 99 - 108.

[62] 刘汉辉, 李博文, 宋健. 互联网使用是否影响了女性创业? ——来自中国家庭追踪调查 (CFPS) 的经验证据 [J]. 贵州社会科学, 2019 (9): 153 - 161.

[63] 刘金东, 冯经纶, 王生发. 老龄化加剧中国收入不平等了吗? [J]. 财经论丛, 2014 (5): 16 - 23.

[64] 刘李华, 孙早. 收入不平等与经济增长: 移动的库兹涅茨曲线——

新时期收入分配改革的思路与意义 [J]. 经济理论与经济管理，2021，41
（9）：20－34.

　　[65] 刘任，眭鑫，王文涛. 互联网使用对农户收入差距影响研究——
基于 CGSS 数据的实证分析 [J/OL]. 重庆大学学报（社会科学版）：1－19
[2022－09－15]. http：//kns. cnki. net/kcms/detail/50. 1023. C. 20201026. 1732.
002. html.

　　[66] 刘生龙，张晓明，杨竺松. 互联网使用对农村居民收入的影响
[J]. 数量经济技术经济研究，2021，38（4）：103－119.

　　[67] 刘维奇，韩媛媛. 城市化与城乡收入差距——基于中国数据的理
论与经验研究 [J]. 山西财经大学学报，2013，35（5）：24－33.

　　[68] 刘晓倩，韩青，周磊. 信息化对农村经济增长影响实证分析及展
望——基于区域差异的比较 [J]. 农业展望，2016，12（8）：47－52.

　　[69] 刘晓倩，韩青. 农村居民互联网使用对收入的影响及其机理——
基于中国家庭追踪调查（CFPS）数据 [J]. 农业技术经济，2018（9）：
123－134.

　　[70] 刘玉光，杨新铭，王博. 金融发展与中国城乡收入差距形成——
基于分省面板数据的实证检验 [J]. 南开经济研究，2013，173（5）：50－
59.

　　[71] 刘志龙，靳文杰. 计算机网络的工资收入溢价效应分析——基于
CFPS2010 基线调查数据 [J]. 产业经济评论，2015，6（1）：67－78.

　　[72] 刘姿均，陈文俊. 中国互联网发展水平与经济增长关系实证研究
[J]. 经济地理，2017，37（8）：108－113，154.

　　[73] 龙海明，凌炼，谭聪杰. 城乡收入差距的区域差异性研究——基
于我国区域数据的实证分析 [J]. 金融研究，2015，417（3）：83－96.

　　[74] 陆铭，陈钊. 城市化、城市倾向的经济政策与城乡收入差距
[J]. 经济研究，2004（6）：50－58.

　　[75] 陆铭，陈钊，万广华. 因患寡而患不均中国的收入差距、投资、
教育和增长的相互影响 [J]. 经济研究，2005（12）：4－14，101.

　　[76] 鲁元平，王军鹏. 数字鸿沟还是信息福利——互联网使用对居民
主观福利的影响 [J]. 经济学动态，2020，708（2）：59－73.

　　[77] 罗楚亮. 高收入人群缺失与收入差距低估 [J]. 经济学动态，

2019, 695 (1): 15 - 27.

[78] 马九杰, 薛丹琦. 信息通信技术应用与金融服务创新——发展中国家经验分析 [J]. 贵州社会科学, 2012 (6): 47 - 52.

[79] 马俊龙, 宁光杰. 互联网与中国农村劳动力非农就业 [J]. 财经科学, 2017, 352 (7): 50 - 63.

[80] 马青, 傅强, 王庆宇. 产业绿色转型能缓解城乡收入不平等吗?——基于政府规制的耦合互动分析 [J]. 经济问题探索, 2019, 448 (11): 94 - 111.

[81] 毛宇飞, 曾湘泉. 互联网使用是否促进了女性就业——基于 CGSS 数据的经验分析 [J]. 经济学动态, 2017 (6): 21 - 31.

[82] 毛宇飞, 曾湘泉, 祝慧琳. 互联网使用、就业决策与就业质量——基于 CGSS 数据的经验证据 [J]. 经济理论与经济管理, 2019 (1): 72 - 85.

[83] 米增渝, 刘霞辉, 刘穷志. 经济增长与收入不平等: 财政均衡激励政策研究 [J]. 经济研究, 2012, 47 (12): 43 - 54, 151

[84] 倪旭君. 居民家庭结构变动对收入变动的影响分析 [J]. 上海经济研究, 2015 (11): 79 - 87.

[85] 邱泽奇, 张樹沁, 刘世定. 从数字鸿沟到红利差异——互联网资本的视角 [J]. 中国社会科学, 2016, 250 (10): 93 - 115, 203 - 204.

[86] 潘明明, 蔡书凯, 周游. 互联网使用促进农村妇女非农就业了吗——基于苏、皖、豫、鄂四省调研数据的实证研究 [J]. 农业技术经济, 2021 (8): 133 - 144.

[87] 邱海洋, 胡振虎. 绿色农业创业与乡村振兴——基于互联网普及门槛效应的视角 [J]. 西安财经学院学报, 2019, 32 (3): 68 - 75.

[88] 任国强, 黄云, 周云波. 个体收入剥夺如何影响城镇居民的健康?——基于 CFPS 城镇面板数据的实证研究 [J]. 经济科学, 2017, 220 (4): 77 - 93.

[89] 任燕妮, 李录堂. 信息技术对我国城乡二元社会结构体制的影响研究——基于人力资本的视角 [J]. 河北经贸大学学报, 2016, 37 (4): 71 - 75.

[90] 施炳展. 互联网与国际贸易——基于双边双向网址链接数据的经

验分析 [J]. 经济研究, 2016, 51 (5): 172 - 187.

[91] 史晋川, 王维维. 互联网使用对创业行为的影响——基于微观数据的实证研究 [J]. 浙江大学学报 (人文社会科学版), 2017, 47 (4): 159 - 175.

[92] 邵红伟, 靳涛. 收入分配的库兹涅茨倒 U 曲线——跨国横截面和面板数据的再实证 [J]. 中国工业经济, 2016, 337 (4): 22 - 38.

[93] 宋晓玲. 数字普惠金融缩小城乡收入差距的实证检验 [J]. 财经科学, 2017, 351 (6): 14 - 25.

[94] 苏岚岚, 孔荣. 互联网使用促进农户创业增益了吗？——基于内生转换回归模型的实证分析 [J]. 中国农村经济, 2020 (2): 62 - 80.

[95] 苏钟萍, 张应良. 收入水平、社会公平认知与农村居民主观幸福感 [J]. 统计与决策, 2021, 37 (9): 71 - 74.

[96] 孙计领, 王国成, 凌亢. 收入不平等对居民幸福感的影响——基于 FS 模型的实证研究 [J]. 经济学动态, 2018, 688 (6): 77 - 91.

[97] 孙敬水, 于思源. 物质资本、人力资本、政治资本与农村居民收入不平等——基于全国 31 个省份 2852 份农户问卷调查的数据分析 [J]. 中南财经政法大学学报, 2014 (5): 141 - 149, 160.

[98] 孙群力. 经济增长、腐败与收入不平等 [J]. 中南财经政法大学学报, 2014, 206 (5): 25 - 31, 158 - 159.

[99] 孙焱林, 李昕. 技术进步对收入不平等影响的实证研究 [J]. 中国人口·资源与环境, 2015, 25 (S1): 363 - 366.

[100] 孙英杰, 林春. "互联网 +" 对金融资源配置效率的影响——基于省级面板数据的经验分析 [J]. 大连理工大学学报 (社会科学版), 2019, 40 (6): 28 - 36.

[101] 汤博阳. "八纵八横" 干线网筑起中国通信业的脊梁 [J]. 数字通信世界, 2008 (12): 17 - 22.

[102] 唐礼智, 刘喜好, 贾璇. 我国金融发展与城乡收入差距关系的实证研究 [J]. 农业经济问题, 2008, 347 (11): 44 - 48.

[103] 谈世中, 赵丽红. "数字鸿沟" 与最不发达国家的贫困化、边缘化 [J]. 求是, 2003 (11): 57 - 59.

[104] 谭燕芝, 李云仲, 胡万俊. 数字鸿沟还是信息红利——信息化

对城乡收入回报率的差异研究 [J]. 现代经济探讨，2017，430（10）：88－95.

[105] 涂涛涛，李谷成. 中国农业技术进步与城乡收入差距——基于要素报酬视角的解析 [J]. 江西财经大学学报，2017，112（4）：73－82.

[106] 万广华，周章跃，陆迁. 中国农村收入不平等：运用农户数据的回归分解 [J]. 中国农村经济，2005（5）：4－11.

[107] 万广华. 城镇化与不均等——分析方法和中国案例 [J]. 经济研究，2013，48（5）：73－86.

[108] 王春峰，翟捷. 信息技术对银行业的影响 [J]. 国际金融研究，2001（1）：74－78.

[109] 王光栋，姜振波. 金融发展、技术进步与就业——基于省际面板数据的经验分析 [J]. 金融与经济，2014（9）：20－23.

[110] 王君，张于喆，张义博，洪群联. 人工智能等新技术进步影响就业的机理与对策 [J]. 宏观经济研究，2017（10）：169－181.

[111] 王娟. 高质量发展背景下的新就业形态：内涵、影响及发展对策 [J]. 学术交流，2019（3）：131－141.

[112] 王立娜. "互联网＋"背景下农民工返乡创业的契机、挑战与对策 [J]. 理论导刊，2016（6）：67－70.

[113] 汪连杰. 互联网使用对老年人身心健康的影响机制研究——基于 CGSS（2013）数据的实证分析 [J]. 现代经济探讨，2018（4）：101－108.

[114] 王林辉，胡晟明，董直庆. 人工智能技术会诱致劳动收入不平等吗——模型推演与分类评估 [J]. 中国工业经济，2020，385（4）：97－115.

[115] 王鹏. 农转非、人力资本回报与收入不平等——基于分位数回归分解的方法 [J]. 社会，2017，37（5）：217－241.

[116] 王书华，杨有振. 信贷约束与我国农户收入差距的面板门限回归——基于微观面板数据的实证分析 [J]. 山西财经大学学报，2012，34（9）：36－44.

[117] 王书华，杨有振. 城乡居民家庭金融资产配置与收入差距的动态影响机制——基于状态空间系统的估计 [J]. 上海财经大学学报，2015，

17 (2)：20 - 30，75.

[118] 王修华，邱兆祥. 农村金融发展对城乡收入差距的影响机理与实证研究 [J]. 经济学动态，2011，600 (2)：71 - 75.

[119] 王元超. 互联网工资溢价效应的阶层差异 [J]. 社会学评论，2019，7 (2)：27 - 41.

[120] 王笳旭，冯波，王淑娟. 人口老龄化加剧了城乡收入不平等吗——基于中国省际面板数据的经验分析 [J]. 当代经济科学，2017，39 (4)：69 - 78，126 - 127.

[121] 王小鲁，樊纲，余静文. 中国分省份市场化指数报告 [M]. 北京：社会科学文献出版社，2017.

[122] 王晓峰，赵腾腾. 互联网影响残疾人就业的作用机制研究 [J]. 人口学刊，2021，43 (1)：96 - 112.

[123] 王子敏. 互联网、技能偏向与农村流动人口就业 [J]. 人口与经济，2017 (2)：107 - 115.

[124] 魏福成. 个人所得税对劳动收入不平等的影响 [J]. 税务研究，2014，352 (7)：35 - 38.

[125] 韦吉飞. 农民创业对农村收入不平等与贫困的影响研究 [J]. 重庆大学学报（社会科学版），2013，19 (2)：16 - 22.

[126] 温雪，吴定伟，潘明清. 互联网、社会资本与农村居民消费 [J]. 消费经济，2019，35 (4)：47 - 54.

[127] 吴彬彬，沈扬扬，卢云鹤，滕阳川. 互联网使用与用途如何影响农村居民工资性收入差距 [J]. 劳动经济研究，2021，9 (4)：99 - 116.

[128] 吴赛尔，陈云松，贺光烨. 走出定量社会学双重危机 [J]. 中国社会科学评价，2017 (3)：15 - 27.

[129] 吴万宗，刘玉博，徐琳. 产业结构变迁与收入不平等——来自中国的微观证据 [J]. 管理世界，2018，34 (2)：22 - 33.

[130] 吴晓刚，张卓妮. 户口、职业隔离与中国城镇的收入不平等 [J]. 中国社会科学，2014，222 (6)：118 - 140，208 - 209.

[131] 夏平凡，何启志. 互联网普及、数字普惠金融与经济增长 [J]. 合肥工业大学学报（社会科学版），2019，33 (2)：11 - 19.

[132] 谢璐，韩文龙，陈薅. 人工智能对就业的多重效应及影响 [J].

当代经济研究，2019（9）：33－41.

[133] 谢平，邹传伟. 互联网金融模式研究 [J]. 金融研究，2012（12）：11－22.

[134] 邢娟红. 互联网经济何以高质量发展 [J]. 人民论坛，2018（22）：98－99.

[135] 许明，刘长庚. 区域经济发展水平与城乡收入不平等——基于我国29省际面板数据的实证分析 [J]. 经济问题探索，2015，390（1）：89－95.

[136] 许庆红. 数字不平等：社会阶层与互联网使用研究综述 [J]. 高校图书馆工作，2017（179）：27－39.

[137] 徐宽. 基尼系数的研究文献在过去八十年是如何拓展的 [J]. 经济学（季刊），2003（3）：757－778.

[138] 徐梦冉，李振发，贺灿飞，李伟."互联网＋"对中国制造业就业的影响 [J]. 世界地理研究，2021，30（3）：577－588.

[139] 徐舒. 技术进步、教育收益与收入不平等 [J]. 经济研究，2010，45（9）：79－92，108.

[140] 徐鑫，刘兰娟. 新一代信息技术影响经济转型的作用机制研究 [J]. 经济纵横，2014，342（5）：55－58.

[141] 徐延辉，赖东鹏. 互联网使用、风险感知与城市居民的健康研究 [J]. 中共中央党校（国家行政学院）学报，2021，25（1）：100－110.

[142] 许竹青，郑风田，陈洁."数字鸿沟"还是"信息红利"？信息的有效供给与农民的销售价格——一个微观角度的实证研究 [J]. 经济学（季刊），2013，12（4）：1513－1536.

[143] 薛宝贵，何炼成. 市场竞争、金融排斥与城乡收入差距 [J]. 财贸研究，2016，27（1）：1－8.

[144] 闫超栋，马静. 中国信息化发展的地区差距及其动态演进 [J]. 软科学，2017，31（7）：44－49.

[145] 严新明，童星. 互联网对社会保障的贯通和提升研究 [J]. 中国行政管理，2016（11）：46－50.

[146] 杨蕙馨，李春梅. 中国信息产业技术进步对劳动力就业及工资差距的影响 [J]. 中国工业经济，2013（1）：51－63.

[147] 杨晶,邓大松,申云.人力资本、社会保障与中国居民收入不平等——基于个体相对剥夺视角 [J].保险研究,2019 (6):111-124.

[148] 杨晶,丁士军,邓大松.人力资本、社会资本对失地农民个体收入不平等的影响研究 [J].中国人口·资源与环境,2019,29 (3):148-158.

[149] 杨娟,赖德胜,邱牧远.如何通过教育缓解收入不平等 [J].经济研究,2015,50 (9):86-99.

[150] 杨恺钧,褚天威.互联网发展、交通运输及进口贸易关系研究——基于中国省际面板数据空间计量分析 [J].经济问题,2016 (6):95-100.

[151] 杨克文,何欢.互联网使用对居民健康的影响——基于6年中国劳动力动态调查数据的研究 [J].南开经济研究,2020,213 (3):182-203.

[152] 杨柠泽,周静.互联网使用能否促进农民非农收入增加?——基于中国社会综合调查 (CGSS) 2015年数据的实证分析 [J].经济经纬,2019,36 (5):41-48.

[153] 杨秀云,赵勖,平新乔.从"虚拟"到"现实":互联网重塑经济的理论逻辑 [J].经济社会体制比较,2019 (5):159-167.

[154] 杨耀武,杨澄宇.中国基尼系数是否真地下降了?——基于微观数据的基尼系数区间估计 [J].经济研究,2015,50 (3):75-86.

[155] 叶初升,任兆柯.互联网的经济增长效应和结构调整效应——基于地级市面板数据的实证研究 [J].南京社会科学,2018 (4):18-29.

[156] 尹志超,蒋佳伶,严雨.数字鸿沟影响家庭收入吗 [J].财贸经济,2021,42 (9):66-82.

[157] 喻平,徐浩洋.中国家庭金融资产配置对居民收入差距的影响研究 [J].财会月刊,2019,858 (14):156-162.

[158] 佘菊.科技进步、教育投入与城乡收入差距——来自中国省际面板数据的经验证据 [J].工业技术经济,2014,33 (1):130-136.

[159] 于淑敏,朱玉春.农业信息化水平的测度及其与农业全要素生产率的关系 [J].山东农业大学学报(社会科学版),2011,13 (3):31-36.

[160] 岳毅宏，韩文秀．信息技术和现代管理变革 [J]．中国软科学，2002 (1)：62 - 65.

[161] 岳云嵩，李兵，李柔．互联网对企业进口的影响——来自中国制造业企业的经验分析 [J]．国际经贸探索，2017, 33 (3)：57 - 69.

[162] 赵浩鑫，唐根年，洪晨翔．农村互联网发展的减贫效应分析 [J]．统计与决策，2019, 35 (19)：96 - 99.

[163] 赵羚雅．乡村振兴背景下互联网使用对农民创业的影响及机制研究 [J]．南方经济，2019 (8)：85 - 99.

[164] 赵羚雅，向运华．互联网使用、社会资本与非农就业 [J]．软科学，2019, 33 (6)：49 - 53.

[165] 赵建国，周德水．教育人力资本、互联网使用与新生代农民工职业选择 [J]．农业经济问题，2019 (6)：117 - 127.

[166] 詹宇波，刘荣华．FDI 与中国收入不平等——来自 1987 - 2006 中国省际面板的证据 [J]．浙江社会科学，2010, 162 (2)：21, 30 - 39, 126.

[167] 张博，胡金焱，范辰辰．社会网络、信息获取与家庭创业收入——基于中国城乡差异视角的实证研究 [J]．经济评论，2015 (2)：52 - 67.

[168] 张川川，Giles John，赵耀辉．新型农村社会养老保险政策效果评估——收入、贫困、消费、主观福利和劳动供给 [J]．经济学（季刊），2015, 14 (1)：203 - 230.

[169] 张帆，李娜，董松柯．技术进步扩大收入差距亦或缩小收入——基于 DEA 及面板数据的实证分析 [J]．软科学，2019, 33 (2)：32 - 37.

[170] 张宏如，刘润刚．新就业形态多中心协同治理的模式创新 [J]．南通大学学报（社会科学版），2019, 35 (6)：102 - 107.

[171] 张家平，程名望，潘烜．互联网对经济增长溢出的门槛效应研究 [J]．软科学，2018, 32 (9)：1 - 4.

[172] 张彤进，任碧云．包容性金融发展与城乡居民收入差距——基于中国内地省级面板数据的实证研究 [J]．经济理论与经济管理，2017, 317 (5)：90 - 101.

[173] 张卫东，卜偲琦，彭旭辉．互联网技能、信息优势与农民工非农就业 [J]．财经科学，2021 (1)：118 - 132.

[174] 张文, 唐萧萧, 徐小琴. 我国社会保障水平的城乡差异分析 [J]. 求实, 2013, 385 (5): 45 – 49.

[175] 张枭. 互联网经济缘何 "领跑全球"? ——基于完全竞争市场互联网经济动态均衡模型 [J]. 现代经济探讨, 2018 (10): 88 – 97.

[176] 张晓燕. 互联网金融背景下普惠金融发展对城乡收入差距的影响 [J]. 财会月刊, 2016, 765 (17): 94 – 97.

[177] 张勋, 万广华, 张佳佳, 等. 数字经济、普惠金融与包容性增长 [J]. 经济研究, 2019, 54 (8): 71 – 86.

[178] 张越, 李琪. 互联网对我国各省区经济发展的影响 [J]. 山西财经大学学报, 2008 (6): 38 – 44.

[179] 张展新. 从城乡分割到区域分割——城市外来人口研究新视角 [J]. 人口研究, 2007, 168 (6): 16 – 24.

[180] 郑新业, 张阳阳, 马本, 等. 全球化与收入不平等——新机制与新证据 [J]. 经济研究, 2018, 53 (8): 132 – 146.

[181] 周冬. 互联网覆盖驱动农村就业的效果研究 [J]. 世界经济文汇, 2016, 232 (3): 76 – 90.

[182] 周广肃, 樊纲, 申广军. 收入差距、社会资本与健康水平——基于中国家庭追踪调查 (CFPS) 的实证分析 [J]. 管理世界, 2014 (7): 12 – 21, 51, 187.

[183] 周广肃, 樊纲. 互联网使用与家庭创业选择——来自 CFPS 数据的验证 [J]. 经济评论, 2018 (5): 134 – 147.

[184] 周广肃, 夏宇锋. 收入不平等对中国家庭教育期望的影响 [J]. 经济科学, 2021 (6): 130 – 142.

[185] 周洋, 华语音. 互联网与农村家庭创业——基于 CFPS 数据的实证分析 [J]. 农业技术经济, 2017 (5): 111 – 119.

[186] 朱德云, 王溪, 宫锡强. 收入不平等如何影响家庭消费——基于 CFPS 微观数据的分析 [J]. 财政科学, 2021 (5): 31 – 45.

[187] 朱秋博, 白军飞, 彭超, 等. 信息化提升了农业生产率吗 [J]. 中国农村经济, 2019, 412 (4): 22 – 40.

[188] 朱秋博, 朱晨, 彭超, 白军飞. 信息化能促进农户增收、缩小收入差距吗? [J]. 经济学 (季刊), 2022, 22 (1): 237 – 256.

［189］庄家炽，刘爱玉，孙超. 网络空间性别不平等的再生产：互联网工资溢价效应的性别差异——以第三期妇女地位调查为例［J］. 社会，2016，36（5）：88－106.

［190］Acemoglu D，Ventura J. The World Income Distribution ［J］. The Quarterly Journal of Economics，2002，117（2）：659－694.

［191］Acemoglu D. Directed technical change ［J］. The Review of Economic Studies，2002，69（4）：781－809.

［192］Adermon A，Gustavsson M. Job Polarization and Task-biased Technological Change：Evidence from Sweden，1975－2005 ［J］. The Scandinavian Journal of Economics，2015，117（3）：878－917.

［193］Autor D，Dorn D. This Job is "Getting Old"：Measuring Changes in Job Opportunities Using Occupational Age Structure ［J］. American Economic Review，2009，99（2）：45－51.

［194］Autor D，Salomons A. Is automation labor-displacing? Productivity Growth，Employment，and the Labor Share ［R］. National Bureau of Economic Research，2018.

［195］Aker J C. Dial "A" for Agriculture：A Review of Information and Communication Technologies for Agricultural Extension in Developing Countries ［J］. Agricultural Economics，2011，42（6）：631－647.

［196］Allen R G. Multiple Streams of Internet Income：How Ordinary People Make Extraordinary Money Online ［M］. John Wiley & Sons，2006.

［197］Anand S. Inequality and Poverty in Malaysia：Measurement and decomposition ［M］. The World Bank，1983.

［198］Anderson R H，Bikson T K，Law S A et al. Universal Access to E-mail：Feasibility and Societal Implications ［J］. Educational Media International，1997，34（2）：86－87.

［199］Araque J C，Maiden R P，Bravo N et al. Computer Usage and Access in Low-income Urban Communities ［J］. Computers in Human Behavior，2013，29（4）：1393－1401.

［200］Ardichvili A，Cardozo R，Ray S. A Theory of Entrepreneurial Opportunity Identification and Development ［J］. Journal of Business Venturing，

2003, 18 (1): 105 – 123.

[201] Atkinson A B, Lectures R D. The Changing Distribution of Earnings in OECD Countries [M]. Oxford University Press, 2008.

[202] Audretsch D B, Heger D, Veith T. Infrastructure and Entrepreneurship [J]. Small Business Economics, 2015, 44 (2): 219 – 230.

[203] Autor D H, Katz L F, Kearney M S. The Polarization of the Us Labor Market [J]. The American Economic Review, 2006, 96 (2): 189 – 194.

[204] Azher M, Khan R B, Salim M et al. The Relationship between Internet Addiction and Anxiety among Students of University of Sargodha [J]. International Journal of Humanities and Social Science, 2014, 4 (1): 288 – 293.

[205] Banerjee A V, Newman A F. Occupational Choice and the Process of Development [J]. Journal of Political Economy, 1993, 101 (2): 274 – 298.

[206] Barro R J. Economic Growth in a Cross Section of Countries [J]. The Quarterly Journal of Economics, 1991, 106 (2): 407 – 443.

[207] Beard T R, Ford G S, Saba R P et al. Internet Use and Job Search [J]. Telecommunications Policy, 2012, 36 (4): 260 – 273.

[208] Becker H S. Outsiders: Studies in the Sociology of Deviance [J]. American Journal of Sociology, 1964, 29 (1): 134.

[209] Bonfadelli H. The Internet and Knowledge Gaps [J]. European Journal of Communication, 2002, 17 (1): 65 – 84.

[210] Boyd, Ellison N B. Social Network Sites: Definition, History, and Scholarship [J]. Journal of Computer-Mediated Communication, 2007, 13 (1): 11.

[211] Caselli Francesco. Technological Revolutions [J]. Amer. Econ. Rev, 1999, 89 (1): 78.

[212] Clarke G R G, Wallsten S J. Has the Internet Increased Trade? Developed and Developing Country Evidence [J]. Economic Inquiry, 2006, 44 (3): 465 – 484.

[213] Claudia Goldin, Lawrence F, Katz. The Race between Education and Technology: The Evolution of U. S. Educational Wage Differentials, 1890 to

2005 [R]. USA: Harvard University Press, 2008.

[214] Choi C, Yi M. The Effect of the Internet on Economic Growth: Evidence from Cross-country Panel Data [J]. Economics Letters, 2009, 105 (1): 39 – 41.

[215] Cortes G M, Jaimovich N, Siu H E. Disappearing Routine Jobs: Who, How, and Why? [J]. Journal of Monetary Economics, 2017, 91: 69 – 87.

[216] Cumming D, Johan S. The Internet and Regional Economic Development. [J]. Academy of Management Proceedings, 2007, 2007 (1): 1 – 6.

[217] Cumming D, Johan S. The Differential Impact of the Internet on Spurring Regional Entrepreneurship [J]. Entrepreneurship Theory and Practice, 2010, 34 (5): 857 – 883.

[218] Dabla-Norris E, Ho G, Kochhar K et al. Anchoring growth: The Importance of Productivity-enhancing Reforms in Emerging Market and Developing Economies [J]. Journal of International Commerce, Economics and Policy, 2014, 5 (2): 1450001.

[219] Dahan M, Tsiddon D. Demographic Transition, Income Distribution, and Economic Growth [J]. Journal of Economic Growth, 1998, 3 (1): 29 – 52.

[220] Dalton M, o'Neill B, Prskawetz A et al. Population Aging and Future Carbon Emissions in the United States [J]. Energy Economics, 2008, 30 (2): 642 – 675.

[221] David H, Dorn D. The Growth of Low-skill Service Jobs and the Polarization of the Us Labor Market [J]. American Economic Review, 2013, 103 (5): 1553 – 1597.

[222] Deaton A S, Paxson C H. Saving, Inequality and Aging: An East Asian Perspective [J]. Asia-pacific Economic Review, 1995, 1 (1): 7 – 19.

[223] Dekker F, Salomons A, Waal J. Fear of Robots at Work: The role of Economic Self-interest [J]. Socio-Economic Review, 2017, 15 (3): 539 – 562.

[224] Dettling J. Broadband in the Labor Market: The Impact of Residential

High-speed Internet on Married Women's Labor Force Participation [J]. Finance and Economics Discussion Series, 2013, 70 (3): 451 – 482.

[225] DiMaggio P, Bonikowski B. Make Money Surfing the Web? The Impact of Internet use on the Earnings of US Workers [J]. American Sociological Review, 2008, 73 (2): 227 – 250.

[226] David H, Katz L F, Kearney M S. The Polarization of the US Labor Market [J]. American Economic Review, 2006, 96 (2): 189 – 194.

[227] Esposito L. Upper Boundedness for the Measurement of Relative Deprivation [J]. Review of Income & Wealth, 2010, 56 (3): 632 – 639.

[228] Fehr E, Schmidt K M. A Theory of Fairness, Competition, and Cooperation [J]. The Quarterly Journal of Economics, 1999, 114: 817 – 868.

[229] Feldman D C, Klaas B S. Internet Job Hunting: A Field Study of Applicant Experiences with Online Recruiting [J]. Human Resource Management, 2002, 41 (2): 175 – 192.

[230] Forman C, Goldfarb A, Greenstein S. The Internet and Local Wages: A Puzzle [J]. American Economic Review, 2012, 102 (1): 556 – 575.

[231] Fossen F M, Sorgner A. The Effects of Digitalization on Employment and Entrepreneurship [C] // Conference Proceeding Paper. IZA-Institute of Labor Economics, 2018.

[232] Foster J, Greer J, Thorbecke E. The Foster-Greer-Thorbecke (FGT) Poverty Measures: 25 Years Later [J]. The Journal of Economic Inequality, 2010, 8 (4): 491 – 524.

[233] Freund C L, Weinhold D. The Effect of the Internet on International Trade [J]. Journal of International Economics, 2004, 62 (1): 171 – 189.

[234] Furuholt B, Kristiansen S. A Rural-urban Digital Divide? Regional Aspects of Internet Use in Tanzania [J]. Ejisdc the Electronic Journal on Information Systems in Developing Countries, 2007, 31 (6): 1 – 15.

[235] Gao Y, Zang L, Sun J. Does Computer Penetration Increase Farmers' Income? An Empirical Study from China [J]. Telecommunications Policy, 2018, 42 (5): 345 – 360.

[236] Ghose A, Goldfarb A, Han S P. How is the Mobile Internet Differ-

ent? Search Costs and Local Activities ［J］. Information Systems Research, 2013, 24 (3): 613 – 631.

［237］ Gini C. Measurement of Inequality of Incomes ［J］. The Economic Journal, 1921, 31 (121): 124 – 126.

［238］ Goss E P, Phillips J M. How Information Technology Affects Wages: Evidence Using Internet Usage as a Proxy for IT Skills ［J］. Journal of labor Research, 2002, 23 (3): 463 – 474.

［239］ Graetz G, Michaels G. Is Modern Technology Responsible for Jobless Recoveries? ［J］. American Economic Review, 2017, 107 (5): 168 – 173.

［240］ Graetz G, Michaels G. Robots at Work ［J］. Review of Economics and Statistics, 2018, 100 (5): 753 – 768.

［241］ Grajek M, Kretschmer T. Usage and Diffusion of Cellular Telephony, 1998 – 2004 ［J］. International Journal of Industrial Organization, 2009, 27 (2): 238 – 249.

［242］ Greenhalgh. Male-female Wage Differentials in Great Britain: Is Marriage an Equal Opportunity? ［J］. The Economic Journal, 1980, 90 (360): 751 – 775.

［243］ Griliches Z. HybridCorn: An Exploration in the Economics of Technological Change ［J］. Econometrica, Journal of the Econometric Society, 1957, 25 (4): 501 – 522.

［244］ H Bodenhofer. The Mobility of Labor and the Theory of Human Capital ［J］. Journal of Human Resources, 1967, 2 (4): 431 – 448.

［245］ Heilig, Gerhard K. Information Society and the Countryside: Can Internet-based Systems Bring Income Alternatives to Rural Areas? ［J］. European: Rural Areas and Development, European Rural Development Network (ERDN), 2003 (1): 1 – 15.

［246］ Hellmanzik C, Schmitz M. Virtual Proximity and Audiovisual Services Trade ［J］. European Economic Review, 2015, 77: 82 – 101.

［247］ Hicks J. The Theory of Wages ［M］. London: Macmillan, 1932.

［248］ Hindman D B. The Rural-urban Digital Divide ［J］. Journalism & Mass Communication Quarterly, 2000, 77 (3): 549 – 560.

[249] Holman D. Job Types and Job Quality in Europe [J]. Human Relations, 2013, 66 (4): 475 – 502.

[250] Janson M A, Wrycza S. Information Technology and Entrepreneurship: Three Cases from Poland [J]. International Journal of Information Management, 1999, 19 (5): 351 – 367.

[251] Kakwani N. The Relative Deprivation Curve and its Applications [J]. Journal of Business & Economic Statistics, 1984, 2 (4): 384 – 394.

[252] Katz L F, Margo R A. Technical Change and the Relative Demand for Skilled Labor: The United States in Historical Perspective [M] //Human Capital in History: The American Record. University of Chicago Press, 2014: 15 – 57.

[253] Katz L F, Murphy-K. Changes in Relative Wages, 1983 – 1997: Supply and Demand Factors [J]. Quarterly Journal of Economics, 1992 (107): 35 – 78.

[254] Kitazawa M, Yoshimura M, Murata M et al. Associations between Problematic Internet use and Psychiatric Symptoms among University Students in Japan [J]. Psychiatry and Clinical Neurosciences, 2018, 72 (7): 531 – 539.

[255] Knight F. Risk Uncertainty and Profit [M]. New York: Houghton Mifflin Press, 1921.

[256] Krueger A B. How Computers Have Changed the Wage Structure: Evidence from Microdata, 1984 – 1989 [J]. The Quarterly Journal of Economics, 1993, 108 (1): 33 – 60.

[257] Kuhn P, Mansour H. Is Internet Job Search still Ineffective? [J]. The Economic Journal, 2014, 124 (581): 1231 – 1233.

[258] Kuhn Skuterud. Internet Job Search and Unemployment Durations [J]. Social Science Electronic Publishing, 2004, 94 (1): 218 – 232.

[259] Kuhn P, Mansour H. Is Internet Job Search still Ineffective? [J]. The Economic Journal, 2014, 124 (581): 1213 – 1233.

[260] Larson A. Network Dyads in Entrepreneurial Settings: A Study of the Governance of Exchange Relationships [J]. Administrative Science Quarterly, 1992, 37 (1): 76 – 104.

[261] Lee S, Kim J. Has the Internet Changed the Wage Structure Too? [J]. Labour Economics, 2004, 11 (1): 119 – 127.

[262] Lehr. Osorio. Gillett. Measuring Broadband's Economic Impact [R]. Arlington: 33rd Research Conference on Communication, Information, and Internet Policy (TPRC), 2005.

[263] Lerman R I, Yitzhaki S. ANote on the Calculation and Interpretation of the Gini Index [J]. Economics Letters, 1984, 15 (3 – 4): 363 – 368.

[264] Lin N. Social Capital: A Theory of Social Structure and Action [M]. Santiago: Cambridge University Press, 2002.

[265] Litan, Robert E, Rivlin et al. Projecting the Economic Impact of the Internet. [J]. American Economic Review, 2001, 91 (2): 313 – 317.

[266] Liu L, Nath H K. Information and Communications Technology and Trade in Emerging Market Economies [J]. Emerging Markets Finance and Trade, 2013, 49 (6): 67 – 87.

[267] Lloyd-ellis H. Endogenous Technological Change and Wage Inequality [J]. American Economic Review, 1999, 89 (1): 47 – 77.

[268] Lomnicki Z A. The Standard Error of Gini's Mean Difference [J]. The Annals of Mathematical Statistics, 1952, 23 (4): 635 – 637.

[269] Loughran D S. The Effect of Male Wage Inequality on Female Age at First Marriage [J]. Review of Economics and Statistics, 2002, 84 (2): 237 – 250.

[270] Low A. Agricultural Development in Southern Africa: Farm Household Economics and the Food Crisis [J]. African Studies Review, 1986, 31 (1): 158 – 162.

[271] Majumdar S K, Carare O, Chang H. Broadband Adoption and Firm Productivity: Evaluating the Benefits of General Purpose Technology [J]. Industrial and Corporate Change, 2010, 19 (3): 641 – 674.

[272] McCall J J. The Economics of Information and Optimal Stopping Rules [J]. The Journal of Business, 1965, 38 (3): 300 – 317.

[273] Meijers H. Does the Internet Generate Economic Growth, International Trade, or Both? [J]. International Economics and Economic Policy, 2014,

11 (1): 137 – 163.

[274] Mellor D, Firth L, Moore K. Can the Internet Improve the Well-being of the Elderly? [J]. Ageing International, 2008, 32 (1): 25 – 42.

[275] Meng X, Qian N, Yared P. The institutional causes of China's Great Famine, 1959 – 1961 [J]. The Review of Economic Studies, 2015, 82 (4): 1568 – 1611.

[276] Miller P, Mulvey C. Computer Skills and Wages [J]. Australian Economic Papers, 1997, 36 (68): 106 – 113.

[277] Nakasone E, Torero M, Minten B. The Power of Information: The ICT Revolution in Agricultural Development [J]. Annu. Rev. Resour. Econ. , 2014, 6 (1): 533 – 550.

[278] Nelson R R, Phelps E S. Investment in Humans, Technological Diffusion, and Economic Growth [J]. The American Economic Review, 1966, 56 (1/2): 69 – 75.

[279] Niebel T. ICT and Economic Growth—Comparing Developing, Emerging and Developed Countries [J]. World Development, 2018, 104: 197 – 211.

[280] Noh Y H, Yoo K. Internet, Inequality and Growth [J]. Journal of Policy Modeling, 2008, 30 (6): 1005 – 1016.

[281] Nordhaus W D. Some Skeptical Thoughts on the Theory of Induced Innovation [J]. The Quarterly Journal of Economics, 1973, 87 (2): 208 – 219.

[282] Oikonomakou M, Kaloudis P, Antonopoulos A et al. Internet Services Market Across Europe During Crisis: A Study Focused on Low-income Groups [C] // IEEE CAMAD. IEEE, 2017: 1 – 5.

[283] Pabilonia S W, Zoghi C. Returning to the Returns to Computer Use [J]. American Economic Review, 2005, 95 (2): 314 – 317.

[284] Pandey S K, Hart J J, Tiwary S. Women's Health and the Internet: Understanding Emerging Trends and Implications [J]. Social Ence & Medicine, 2003, 56 (1): 179 – 191.

[285] Paunov C, Rollo V. Overcoming Obstacles: The Internet's Contribu-

tion to Firm Development [J]. The World Bank Economic Review, 2015, 29: S192 - S204.

[286] Petersen T, Morgan L A. Separate and Unequal: Occupation-establishment Sex Segregation and the Gender Wage Gap [J]. American Journal of Sociology, 1995, 101 (2): 329 - 365.

[287] Perry G. Informality: Exit and Exclusion [M]. World Bank Publications, 2007.

[288] Phelps E S. Microeconomic Foundations of Employment and Inflation Theory [M]. New York: Norton, 1970.

[289] Philip L, Cottrill C, Farrington J et al. The Digital Divide: Patterns, Policy and Scenarios for Connecting the 'Final Few' in Rural Communities across Great Britain [J]. Journal of Rural Studies, 2017, 54: 386 - 398.

[290] Podder N. Relative Deprivation, Envy and Economic Inequality [J]. Kyklos, 1996, 49 (3): 353 - 376.

[291] Ren G, Pan X. An Individual Relative Deprivation Index and Its Curve Considering Income Scope [J]. Social Indicators Research, 2016, 126 (3): 935 - 953.

[292] Salahuddin M, Gow J. The Effects of Internet Usage, Financial Development and Trade Openness on Economic Growth in South Africa: A Time Series Analysis [J]. Telematics and Informatics, 2016, 33 (4): 1141 - 1154.

[293] Sami H, Danielle L, Lihi D et al. The Effect of Sleep Disturbances and Internet Addiction on Suicidal Ideation Among Adolescents in the Presence of Depressive Symptoms [J]. Psychiatry Research, 2018, 267: 327 - 332.

[294] Savrul M, Kılıç C. E-commerce as an Alternative Strategy in Recovery from the Recession [J]. Procedia-Social and Behavioral Sciences, 2011, 24: 247 - 259.

[295] Shane S. Prior Knowledge and the Discovery of Entrepreneurial Opportunities [J]. Organization Science, 2000, 11 (4): 448 - 469.

[296] Stevenson H H, Gumpert DE. The Heart of Entrepreneurship [J]. Harvard Business Review, 1985, 63 (2): 85 - 94.

[297] Stuart A. The Correlation between Variate-values and Ranks in Samples from a Continuous Distribution [J]. British Journal of Statistical Psychology, 1954, 7 (1): 37 - 44.

[298] Yitzhaki Shlomo. Relative Deprivation and the Gini Coefficient [J]. Quarterly Journal of Economics, 1979, 93 (2): 321 - 324.

[299] Shahiri H, Osman Z. Internet Job Search and Labor Market Outcome [J]. International Economic Journal, 2015, 29 (1): 161 - 173.

[300] Shelby L, Press E. Moonlighting on the Internet: Make an Extra $ 1000 Per Month in Just 5 - 10 Hours Per Week [M]. California: Entrepreneur Press, 2016.

[301] Shorrocks A F. Inequality Decomposition by Factor Components [J]. Econometrica: Journal of the Econometric Society, 1982, (50) 1: 193 - 211.

[302] Sichel D E, Oliner S D. Information Technology and Productivity: Where are We Now and Where Are We Going? [J]. Board of Governors of the Federal Reserve System Feds, 2002, 87 (3): 15 - 44.

[303] Solarin S A, Shahbaz M, Khan H N et al. ICT, Financial Development, Economic Growth and Electricity Consumption: New Evidence from Malaysia [J]. Global Business Review, 2021, 22 (4): 941 - 962.

[304] Song J, Wang E. China's Information and Communication Technology in Geographic Perspective [J]. Eurasian Geography & Economics, 2012, 53 (4): 502 - 526.

[305] Cotten S R, Ford G, Ford S et al. Internet Use and Depression among Retired Older Adults in the United States: A longitudinal Analysis [J]. Journals of Gerontology Series B: Psychological Sciences and Social Sciences, 2014, 69 (5): 763 - 771.

[306] Stark O, Taylor J E, Yitzhaki S. Remittances and Inequality [J]. The Economic Journal, 1986, 96 (383): 722 - 740.

[307] Stepanikova I, Nie N H, He X. Time on the Internet at Home, Loneliness, and Life Satisfaction: Evidence from Panel Time-diary Data [J]. Computers in Human Behavior, 2010, 26 (3): 329 - 338.

[308] Stigler G J. Information in the Labor Market [J]. Journal of Political

Economy, 1962, 70 (5): 94 – 105.

[309] Svensson J, Yanagizawa D. GettingPrices Right: The Impact of the Market Information Service in Uganda [J]. Journal of the European Economic Association, 2009, 7 (2 – 3): 435 – 445.

[310] Tack J, Aker J C. Information, Mobile Telephony, and Traders' Search Behavior in Niger [J]. American Journal of Agricultural Economics, 2014, 96 (5): 1439 – 1454.

[311] Tinbergen Jan. Income Difference: Recent Research [M]. Amsterdam: North-Holland, 1975.

[312] Tsai W. Knowledge Transfer in Intra organizational Networks: Effects of Network Position and Absorptive Capacity on Business Unit Innovation and Performance [J]. Academy of Management Journal, 2001, 44 (5): 996 – 1004.

[313] Wernerfelt B. General Equilibrium with Real Time Search in Labor and Product Markets [J]. Journal of Political Economy, 1988, 96 (4): 821 – 831.

[314] Whitacre B, Gallardo R, Strover S. Broadband's Contribution to Economic Growth in Rural Areas: Moving towards a Causal Relationship [J]. Telecommunications Policy, 2014, 38 (11): 1011 – 1023.

[315] Winegarden C. r. A Simultaneous-equations Model of Population Growth and Income Distribution [J]. Appl Econ, 1978, 10 (4): 319 – 330.

[316] Xiao Q, Marino L D, Zhuang W. A Situated Perspective of Entrepreneurial Learning: Implications for Entrepreneurial Innovation Propensity [J]. Journal of Business & Entrepreneurship, 2010, 22 (1): 69 – 89.

[317] Xu K. Inference for Generalized Gini Indices Using the Iterated-bootstrap Method [J]. Journal of Business & Economic Statistics, 2000, 18 (2): 223 – 227.

[318] Yushkova E. Impact of Ict on Trade in Different Technology Groups: Analysis and Implications [J]. International Economics and Economic Policy, 2014, 11 (1): 165 – 177.

后　记

　　很长一段时间里曾经喜欢坐在南湖边看日落，五彩斑斓的天空将湖面铺满彩虹颜色。四季更迭，回首过往，感慨万千，本书的写作是一段艰苦奋斗和砥砺前行的历程。衷心感谢我的学业导师兼人生导师陈芳教授，在学业上对我倾囊相授，在生活中为我传道解惑。感谢张广科教授、蒋文莉教授、田艳平教授、石智雷教授、赵君教授、贺三维教授、曾益副教授、梅继霞副教授、孟庆雷副教授等诸位老师给予我的灵感、建议、鼓励，以及启发性的交流和对事物深刻的见解。感谢中国人民大学刘昕教授、湖北社科院经济研究所叶学平研究员、杨红侠研究员对我的帮助。

　　感谢王华强、盛艳燕、张夸夸、孔哲、李楠、谢智康、王春凯、黄弢、李伟婷、王雪、吉芃、李秋芳、谢玉平、高艺和丁怡给予的帮助与鼓励；感谢赵昕、梁欢欢、王景圣、张文涛、段艳平、于业芹、饶健、孙诗瑶、刘宇洋的陪伴和关怀，我们一起成长。感谢王召伟、崔海默、周正、焦一朔、何依婷、胡玲、王礼进、夏珲和刘琴给予的大力支持。

　　我最亲近的家人也给我提供了各种各样的支持和鼓励以及后勤保障，在我埋头于电脑键盘前的时候，他们保持了足够的耐心。感激我的父母和公公婆婆，他们的含辛茹苦、默默支持让我一路有着坚实的后盾，在我完成本书的撰写时帮我分担家庭琐事；感谢我的爱人陈琳；同时还要感谢我的女儿陈佳颖，她非常积极地热爱生活，即使我在书桌前工作的时间过长而对她疏于照顾，她也依然爱我，我的"军功章"上有她一半的功劳。